책장을 정리하다

책장을 정리하다

어느 지식인의 책장 정리론

나루케 마코토 지음
최미혜 옮김

비전코리아

이 책을 읽기 전에

내용 중 Book Review의 책 서지정보는 국내서 출간본을 기본으로 하였습니다(국내 출간본이 없는 경우 일본서 서지정보를 그대로 게시). 다만 국내에 출간된 경우라도 이 책 일본 원서의 책 표지 일러스트를 그대로 살려 사용했음을 알립니다.

프롤로그

어떤 책을 읽고,
어떻게 정리할 것인가

냉장고는 대단히 잘 만든 저장 시스템이다.

냉동실과 냉장실, 그리고 채소실. 어디에 무엇을 넣을지 고민할 필요가 없다. 냉장실 하나만 해도 달걀 넣는 곳, 우유 두는 곳 위치가 정해져 있다. 아이스크림을 냉장실에 넣는 사람은 없고 양배추를 냉동실에 넣는 사람도 없다.

이런 먹을거리는 우리가 먹고 나면 자연히 없어지고 다음을 위한 빈자리가 생긴다. 그 자리에 새로 사 온 먹을거리를 다시 채운다.

그럼 옷장은? 어디에 무엇을 넣어 둘지가 우리에게 달려 있다. 소화돼서 없어지는 게 아니라 한번 사면 마음먹고 처분하지 않는 한 계속 그 자리에서 공간을 차지한다. 유행이 지났는지 어울리지 않는지를 따져 정리하기는 번거롭지만 적어도 양말과 티셔츠는 피부가 보일 정도로 해지면 치워 버린다. 그러고 보면 냉장고나 옷장이나 그 안에 '룰'이 있는 것이다.

그 룰이 가전 업체에서 만든 것인지 생활 속에서 자연히 생긴 것인지는 모르겠다. 어쨌거나 틀림없이, 규칙이 있어서 장場의 질서가 유지된다고 할 수 있다.

그러나 책은 먹을거리나 옷과는 다르다. 내일까지 읽지 않는다고 상해 버리는 일은 없다. 이 책이 책장에서 빠지고 다른 책이 들어와야 하는 상황이 자연적으로 생기지도 않는다. 사 놓고 읽지 않은 책은 마냥 쌓아 둬도 상관없다. 사 온 책은 일단 책장에 넣기만 하면 된다. 다 들어가지 않으면 억지로 밀어 넣는다. 그러다 공간이 없어지면 놓을 데도 없으면서 새 책장 사들일 생각을 하기 시작한다.

이것은 악순환을 낳는다. 없어지지 않을 텐데 계속해서 추가하는 것은 갚을 능력 없는 빚을 계속 지는 것이나 마찬가지다. 그게 책이라고 점점 쌓여 가도 멋지다고 착각하지만, 한발 물러서서 생각하면 책을 쌓아 놓기만 해 봐야 지키지 못할 약속을 거듭하는 셈이다.

그래도 독서 좀 한다는 사람은 새로운 책을 만나면 읽고 싶고 사고 싶기 마련. 어떻게 하면 좋을까?

오랫동안 독서를 인생 최대의 즐거움으로 삼아 온 내게 읽은 책을 어떻게 할지는 늘 고민거리였다. 따로 치워 둘까? 버릴까? 팔까? 치운다면 어떤 방식으로 치울까? 책장에 꽂을까? 상자에 넣을까? 아니면 차라리 사설 도서관이라도 열까?

이리저리 생각하는 동안 읽은 책을 모두 책장에 넣기는 무리라는 지극히 당연한 답에 도달했다. 동시에, 읽은 책을 모두 버리거나 파는 것도 정답이 아님을 알았다. 읽어 본 책이 재미있었는지 없었는지는 기억해도 뭐가 재미있었는지, 어디가 재미있었는지는 거의 기억하지 못한다는 걸 문득 깨달았기 때문이다. 한 번 읽었다고 전부 버릴 수는 없다. 언젠가는 예전에 읽은 재미있는 책을 다시 한 번 읽고 싶은 날이 온다.

이 모순을 어떻게 해결할까 계속 고민하다가 하나의 결론을 얻었다. 바로 재미있는 책만 꽂아 두는 책장을 꾸리는 것이다. 그리고 그 책장에는 어디에 어떤 분야의 책을 둘 것인가 분명한 룰을 정한다.

나는 〈HONZ〉라는 논픽션 서평 사이트를 운영하고 있다. 거기에 '나루케 마코토의 올 타임 베스트 텐'이라는 코너가 있는데 그 코너에서는 지금까지 읽은 책 중 가장 재미있는 논픽션 열 권을 소개한다.

열 권이라는 룰은 절대 바뀌지 않는다. 이거다, 싶은 한 권을 만나면 어쩔 수 없이 기존 올 타임 베스트에서 한 권을 빼고 새로운 한 권을 추가한다. 그렇게 하지 않으면 룰이 깨지는 셈이다. 이 교체 작업은 즐겁기도 하지만 한편으로는 괴롭다. 재미있는 한 권을 목록에서 삭제하기란 여간 힘든 일이 아니니.

만약 독서가 취미인 사람이 아니었다면 내게 이런 고민은 필요 없었을 것이다. 읽고 난 책은 주저 없이 버릴 수 있을 테고 그 전에 집에 새 책이 점점 늘어 가는 일도 없었을 테니 말이다.

하지만 나는 책을 좋아한다. 관리하지 않으면 그저 늘어 가는 책 속에서 살아갈 운명으로 태어난 것 같다. 그렇다면 그 운명을 받아들이고 또 늘어 가는 책에 치이지 않게 조절하는 기술을 갖출 필요가 있다. 사람은 빵을 위해서뿐만 아니라 책을 위해서 살기도 하니까.

그래서 생각해 낸 것이 책장의 룰이다.

언젠가부터 '책이라면 뭐든지 집에 둔다', '독서가의 책장은 계속 늘어나는 게 당연하다', '내용을 아는 책도 갖고 있어야 한다'는 고정관념을 버리고 책장을 관리하기 시작했다. 이것은 다시 말하면 나 자신을 관리하는 것이기도 하다.

재미없는 책은 읽지 않게 됐고 곁에 두지 않게 됐다. 읽을 거면 재미있는 책만 읽고 책장에 꽂을 때도 재미있는 책으로 제한한다. 그렇게 하니 자연히 책장이 정리되고 놀랍게도 머릿속까지 정리됐다. 독서를 즐김과 동시에 한층 성장한 것이다.

성장한 내게 맞게 책장은 다시 바뀐다. 그 영향을 받아 나 자신도 변화한다. 이렇게 바람직한 순환이 계속 일어난다.

이 책에서는 여기에 다다른 내 책장의 룰을 가능한 한 많은 사람이 두고두고 적용할 수 있도록 안내하려 한다.

이 책은 한정된 공간에 최대한 많은 책을 수납하려는 사람에게는 맞지 않는다. 다만 이것저것 뒤섞인 책장을 깔끔히 하고 싶은 사람, 독서를 통해서 뭔가를 얻고 싶은 사람에게 길잡이가 되리라 믿는다.

이 책이 책장에 룰을 도입하고, 그러다 아직 만나지 못한 재미있는 책과 만나며, 마침내는 당신이 성장하는 데 조금이라도 도움이 된다면 행복하겠다.

contents

제2장 이상적인 책장의 구조

제3장 교양이 깊어지는 책 선택법과 독서법

[부록] 웹에서 호평받는 서평 쓰는 법

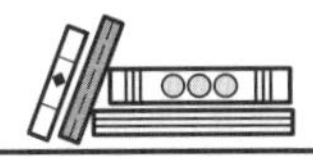

제1장

책장은 나의 외장형 두뇌다

놔둔 책도, 내버려 둔 채 쌓여 있는 책도 언젠가 읽을 날이 기대된다.

보기 편한 것을 최우선으로 해서 책장에 책을 꽂다 보면 책 이외의 것까지 시야에 들어온다. 바로 현재 내가 무엇에 흥미가 있는지, 어느 정도의 지식이 있는지다. 의식하지 못하던 자신의 머릿속이 눈앞에 드러나 있다. 눈에 보이면 '다음에는 이 종류에 힘을 줘 봐야지', '이제 이 분야는 읽을 필요가 없겠다' 하는 생각이 든다.

그러므로 책장 정리를 목적으로 이 책을 손에 든 사람은 우선, 용기와 결단력을 갖고 책장에 둘 책과 뺄 책을 구분하길 바란다.

누구나 책장에 필요 없는 책 몇 권쯤은 갖고 있다. 재미없는 책, 기대에 어긋난 책. 큰맘 먹고 장만해서 차마 못 버린 책까지. 세상은 변하고 나는 성장한다. 그 사이 필요 없는 책은 계속 생길 테고, 책장은 달라져야 한다.

또 하나 이상적인 책장의 조건은 책장의 용량 대비 80퍼센트만 책으로 채울 것. 늘 책장에 20퍼센트의 공간을 확보하도록 한다. 그 20퍼센트는 내가 성장할 여백을 상징한다. 자신에게

20퍼센트나 성장할 여백이 있음을 알게 되는 것, 그것만으로도 앞으로 인생은 바뀔 수 있다. 이 여백에 어떤 것을 채워 갈까 지적 호기심이 끓어오른다.

인간에게 성장의 여지가 있어야 하는 것과 마찬가지로 책장에는 새로운 책이 들어갈 여유가 있어야 한다.

보기 편하고 여유가 있는 책장은 책장 주인의 독서량을 늘리고 정보나 지식을 풍부하게 한다. 책장에는 그런 힘이 있다. 책장의 힘을 사용하지 않는 사람은 참으로 아까운 것을 놓치고 있는 셈이다.

지금부터 내가 시행착오를 거쳐 정착한 보기 편한 책장, 나를 성장하게 하는 책장 만들기를 소개한다.

머릿속을 업데이트하는 책장

나는 책장에 넣을 책과 넣지 않을 책을 명확히 구분한다.

과학, 역사, 경제 같은 논픽션은 넣는다. 소설이나 에세이, 만화 같은 픽션은 넣지 않는다.

그렇다고 소설이나 만화가 나쁘다는 것은 아니다.

과학 같은 분야는 '최신 정보가 계속 변화하는 것'이다. 그러므로 정보를 항상 업데이트해야 한다. 업데이트를 위해서는 자신이 지금 어떤 오래된 책을 갖고 있는지 볼 수 있어야 한다. 그래서 업데이트가 필요한 책은 책장에 꽂아 둔다. 특히 경제 서적은 경제 사회 그 자체가 빠르게 변화하기 때문에 연이어 새로운 책이 출간된다. 사회생활을 하는 사람이 오래된 정보만 믿고 있다가는 세상을 따라잡지 못한다. 책장에 꽂아 두고 업데이트를 거듭해야 한다.

한편 소설이나 만화 같은 픽션은 업데이트가 필요 없다. 이들 작품은 세상에 나온 시점에 완성돼 있으며 다른 작품으로 다시 쓸 필요가 없기 때문이다. 그러므로 새로운 책으로 바뀌는 일 없이 계속 책장에 남아 있게 된다.

몇 년이 지나도 책장에 변화가 없는 가장 큰 이유는 이런 소설이나 만화 때문이라 할 수 있다. 처분할 타이밍을 놓쳐서 계속 쌓이다가 책장에 더는 공간이 없어지고 결국에는 모아서 버리게 될지도 모른다. 안타까운 일이다.

그런 일이 생기지 않도록 나는 픽션은 전자책으로 읽는다. 소설은 처음부터 차례대로 읽으면 된다. 논픽션처럼 대강 내용을 확인하고 나서 중간 장부터 읽거나 중요한 부분만 찾아내서 읽지는 않는다. 그러므로 종이에 인쇄된 책에 비해 가독성이 낮은 전자책으로 읽어도 불편을 느끼지 않는다.

책장에는 신선함이 생명인 논픽션 책을 중심으로 둬야 한다. 그리고 내 머릿속을 업데이트하는 장치로 사용한다. 책장을 최신 신간으로 업데이트하는 것은 머릿속의 정보를 업데이트하는 것이다. 책장 속 책이라는 물체를 순환시킴으로써 새로운 정보나 지식을 받아들이고 흡수할 수 있다. 이것은 책장이 가진 훌륭한 기능이다.

인터넷에는 이런 기능이 없다. 방대한 정보가 넘치지만 거기에서 뭔가를 얻으려면 검색용 키워드를 생각해 내고 그것을 검색창에 입력해서 원하는 정보가 눈앞에 나타나길 기다릴 수밖에 없다. 이런 작업은 누가 해도 그다지 결과가 바뀌지 않는다. 서점이나 도서관에서 책을 찾는 것도 마찬가지다. 다루는 책이 방대해서 무슨 책 몇 페이지에 원하는 정보가 있는지 단시간에 찾아내기는 어렵다.

하지만 집에 있는 책장이라면 이야기는 달라진다. 집 책장에는 용량 제한이 있기 때문이다. 용량이 정해져 있어서 전체를 한눈에 볼 수 있고 지금 알고 있는 정보를 파악할 수 있으며 업데이트하기 쉽다. 즉 책장을 관리하고 운영할 수 있다.

현대 사회를 살아남는 데 필수 조건은 '유익하고 신선도 높은 정보를 얻는 것'과 '얻은 정보를 활용하는 것'이다. 예전에는 '정보를 많이 얻는 것'이 유리했을지도 모르지만 인터넷이 보급된 지금은 누구나 쉽게 많은 정보를 얻을 수 있다. 얼마나 '정확한 정보'를 갖고 있는가, 또 그것을 어떻게 활용할 수 있는가가 중요하다.

책장은 정확한 정보 수집과 그 활용을 지원해 준다. 책장을 잘 사용하면 효율적으로 지식량이 늘어난다.

읽자마자

잊어도
좋다

"읽은 책 내용을 전부 기억하나요?"라는 질문을 가끔 받는다. 그럴 리가! 내게 책 내용 전부를 기억하라고 요구한다면 독서는 고통이 될 뿐이다. 독서를 싫어하는 사람 중에는 '읽은 내용은 죄다 기억해야 한다'고 믿는 사람이 많지 않을까.

그런 고민은 할 필요가 없다. 책은 즐겁게 읽어야 한다. 책에 있는 내용을 모두 자기 것으로 만들려고 하거나 통째로 외우려고 할 필요는 없다. 책이 주는 재미에 빠져 읽고 있는 동안에 자연스럽게 새로운 지식을 얻는 것이 독서의 참맛이다.

나는 읽자마자 세세한 내용을 잊어버리는 일도 많다. 외우거나 기억하려고 하지 않기 때문에 당연한 일이라고 깨끗이 받아들인다.

그래서 필요한 것이 책장이다.

뇌를 스쳐 간 정보를 눈에 보이는 형태로 두는 곳이 책장이다. 책장은 뇌의 기억 영역 대신에 정보를 저장해 둘 수 있는 장소다. 필요할 때 '이 내용은 어떤 책에서 읽었는데' 하며 기억해 내고 책장에서 그 내용이 있는 부분을 찾아낼 수 있으면 책장은 충분히 그 역할을 다한 것이다. 세세한 정보의 백업은 책장에 맡기면 된다.

그런 이유로 책장은 하드디스크와 비슷하다. 한 번 본 텔레비전 프로그램의 제목과 출연자를 완벽하게 기억하는 사람은 없을 것이다. 하지만 리모컨을 손에 들고 시청한 프로그램 목록을 살펴보면 각각이 대강 어떤 내용이었는지 떠오른다. 하드디스크 같은 보조 기억 장치는 나 대신에 세세한 정보를 기억해 주는 것이다.

책장도 마찬가지다. 책장은 뇌의 용량 부족을 보완하는 지식의 하드디스크이기도 하다. 그곳에 진열하는 책은 이미 읽은 지식이나 정보의 핵심이다. 필요에 따라 꺼내서 활용하면 된다.

뇌는 하나하나 세세한 것을 기억하는 데 쓰기보다 '이 책은 여기가 재미있었어' 정도를 기억하는 데 사용하는 것이 좋다. 그쪽이 훨씬 창조적인 발상을 낳기 쉽다.

그러면 만들어야 할 책장의 모습이 그려진다. 이상적인 책장은 지식과 정보를 단시간에 효율적으로 끄집어낼 수 있는 책장이다. 이 책에서는 정리되지 않은 책장은 말할 것도 없고 단시간에 훑어볼 수 없는 책장도 다루지 않는다. 어디에 어떤 책이 있는지 모르는 책장은 책장의 가장 큰 장점을 없앤 것이나 마찬가지다. 그러므로 보기 편한 것이 가장 중요하다.

뇌를 백업하는 기능을 못 하는 책장이라면? 책은 차라리 종이 상자에 넣어서 쌓아 두는 편이 공간도 많이 차지하지 않고 정리된다. 하지만 그것은 어리석은 일이다. 책장 하나 없는 것과 마찬가지로 독서로 얻는 성장을 거부하는 셈이기 때문이다.

책장에서

과거의 나와
미래의 나를 만난다

초등학교 때 학년이 바뀌면 책가방 속도 달라졌다. 교과서가 바뀌니까 당연하다. 그 변화는 성장의 증거이기도 했다. 작년 교과서는 올해의 내게 과거의 것이고 앞으로 공부해야 할 교과서는 따로 있다.

사회인도 마찬가지다. 그 사람이 성장하고 있는 한 읽어야 할 책은 점점 변화해 가고 새로워진다. 그것이 바람직한 모습이다.

하지만 읽는 책에 변화가 없다면, 책장 내용이 1년 전보다 나아진 게 없다면 그것은 지난 1년 동안 전혀 성장하지 않았음을 의미한다.

물론 갑자기 책장 내용을 바꿀 필요는 없다. 변함없이 그 자리에 고전이 있어도 좋다. 서점도 마찬가지다. 오랫동안 자리를 지키는 롱셀러도 있고 최신 서적도 있다. 그렇게 섞여 있어서 매력이 있다.

다만 서점에 변화가 있는 것처럼, 책장에도 변화가 필요하다.

이를테면 디지털카메라로 책장을 찍어서 1개월 뒤와 비교해 봐도 좋다. 자동판매기에서 판매되는 음료수가 신상품 발매와 계절의 변화에 따라 조금씩 변해 가듯 책장에도 변화가 있을 것이다.

그 변화의 기록은 자기 자신의 인생을 기록하는 라이프로그 life log : '삶의 기록'을 뜻하는 말로 개인의 일상을 디지털 공간에 저장하는 일—옮긴이 주 도 된다. 뒤돌아봤을 때 어떤 책이 현재의 나를 만들었는지 알 수 있는 하나의 좋은 기준이 될 것이다. 독서 기록을 하기는 번거롭지만 사진이라면 생각날 때마다 바로 찍으면 된다. 변화를 알게 되면 다시 새롭게 변화하고 싶어지는 것은 리코딩 다이어트2006년에 오카다 도시오가 개발한 다이어트로 매일 섭취하는 음식과 그 열량을 기록해서 자신이 섭취하고 있는 열량, 식사 내용, 간식 등을 자각하고 식생활 개선으로 이어 가는 다이어트법—옮긴이 주와 같다.

책장에 진열하는 책은 현재 나의 피와 살이며 앞으로의 나를 만드는 영양분이다. 책장에 놓여 있는 아직 읽지 않은 책은 '나는 미래에 이런 지식을 가진 사람이 되고 싶다'는 의사 표시다.

그러므로 아무리 새로운 책이라도 누구나 다 읽는 책만 읽어서는 평범한 사람이 될 뿐이다. 남과는 다른 내가 목표라면 남들은 잘 모르는 양서를 찾아내서 읽는 것이 가장 좋다. 남과 다른 새로운 책을 계속 읽어 나가는 것이 '남다른' 사람이 되기 위한 지름길이다.

책장에는

승부수가 될 책만 꽂는다

나는 논픽션 서평 사이트 〈HONZ〉를 운영하고 있는 덕분에 가끔 서평 잘 쓰는 요령에 대한 질문을 받는다. 그때마다 반드시 하는 말이 있다. 서평 문장에는 쓰는 사람의 개성은 필요 없다는 것이다. 그러면 어디에서 개성을 표현할까? 답은 어떤 책을 고르는가다. 재미있는 서평이 될지 아닐지는 책을 고른 시점에 이미 결정된다.

나는 물론이고 〈HONZ〉 회원들도 읽은 책 모두에 대해서 서평을 쓰지는 않는다. 한 권을 평하기 위해서는 그 몇 배나 되는 책을 읽고 그중에서 재미있는 책만 골라 서평을 쓴다. 즉 서평을 쓰기 전에 승부수가 될 책을 엄선하는 것이다. 승부수가 될 책을 고르는 이유는 단순하다. 읽은 책 모두를 평하려고 하면 틀림없이 재미없는 서평을 쓰게 되기 때문이다.

책장에 책을 진열할 때도 책 고르기는 빠뜨리지 않는다.

읽은 책, 갖고 있는 책 모두를 가지런히 꽂는 것은 읽은 책 모두에 대해 서평을 쓰는 것과 같다. 이렇게 해서는 재미없는 책이 섞여 들어가게 되고 매력적인 책장은 만들 수 없다.

바bar나 카페 중에는 멋진 라이브러리를 갖춘 곳이 있다. 거기 진열된 책에는 읽어보고 싶다는 마음이 들게 하는 힘이 있다. 그 이유는 선택됐기 때문이다. 많은 책 중에서 그 공간에 가장 적합한 몇 권만 엄선된 것이다.

이에 비해 자유롭게 가져갈 수 있는 책자가 비치된 전철역 책장에서는 아무런 매력이 느껴지지 않는다. 거기에는 선택이 없기 때문이다.

미술관이나 박물관에는 큐레이터가 있다. 큐레이터의 업무 중 하나는 무엇을 전시할지 정하는 일이다. 다시 말해 무엇을 전시하지 않을지 정하는 일이기도 하다. 멋진 작품이 진열되는 행사의 이면에는 진열되지 못한 수많은 작품이 존재한다.

책이나 잡지에는 편집자가 있다. 편집자는 원고에서 무엇을 담고 무엇을 뺄지 저자와 함께 고민한다. 무엇인가를 언급하지 않음으로써 다른 무엇인가가 두드러지는 것이다.

큐레이터도 편집자도 의도를 갖고 무엇을 보여 주고 무엇을 보여 주지 않을지 정한다.

책장에 진열하는 책에도 그러한 의도가 필요하다. 의도가 없는 책장은 단순히 책을 놓는 공간일 뿐이다.

책장의 책은

나의
캐릭터가 된다

최근 자주 이런 이야기를 듣는다. 자신이 세상을 떠나면 집에 있는 컴퓨터의 하드디스크 드라이브 내용을 확인하지 말고 없애 주길 바란다는 것이다. 아마 어떤 것을 읽고 보고 모으고 있었는지 아무에게도 보이고 싶지 않다는 의미인 듯하다.

한편 스마트폰이나 밖에서 사용하는 노트북 바탕화면에 대해서는 그런 이야기를 들은 적이 없다. 그것은 평상시에 남들이 보는 것이기 때문이다. 보려고 하지 않아도 우연한 순간에 아이콘이 눈에 들어와 버린다. 바탕화면은 그래서 사용하기 편리한 가도 중요하지만 대체로 남의눈을 의식해서 정리한다.

책장도 비슷하다. 나라는 한 인간의 바탕화면인 셈이다.

덧붙여서 내 입으로 말하기는 그렇지만 내 컴퓨터 바탕화면과 태블릿이나 스마트폰의 홈 화면은 깔끔하다. 이것은 예전에 컴퓨터 메모리 용량이 작아서 미리미리 정리해 두지 않으면 작업에 지장이 오던 시절 붙은 습관이다.

내 태블릿 홈 화면은 기능에 따라 애플리케이션 아이콘이 늘어서 있다. 제일 윗줄은 동영상 계통, 두 번째는 클라우드 계통, 세 번째는 뉴스 계통 같은 식이다. 수를 제한해서 효율적인 홈 화면을 구성했다.

본론으로 돌아가서 책장 역시 남이 봐도 부끄럽지 않도록, 그리고 효율적으로 쓸 수 있도록 정리할 필요가 있다.

책장에 진열하는 책은 다소 남을 의식하고 선택해야 한다. 책장을 본 사람이 어떤 인상을 받을지를 깊이 고려하는 것이다. 면접시험에서 좋아하는 책이 무엇이냐는 질문을 받았다 치자. 사실은 가벼운 판타지 소설 같은 걸 좋아해도 마케팅 명저를 이야기하는 경우가 더 많지 않을까. 그런 좋은 책을 읽는 사람으로 보이고 싶어서 내놓는 답변. 그러고 보면 책장에 진열할 책은 면접에서 대답하는 애독서와 같다. 자신이 어떻게 보이고 싶은지를 말해 주는 책이다.

다른 사람의 눈을 의식한다는 의미에서 책은 옷과 비슷하다. 책장에는 외출복만 넣어 둬야 한다. 거기에 집 안에서나 입는 옷이 있어서는 안 된다. 파자마나 속옷은 당치도 않다.

또 좋은 인상을 주는 책장에는 결정적인 공통점이 있다. 바로 책장의 분위기를 해치는 책이 들어 있지 않다는 점이다.

책장에는 다양성이 있는 것이 좋다. 비슷한 분야의 책만 들어 있는 책장은 책장 주인이 유연성이 없음을 말해 준다.

그렇다고 위화감이 있어서는 안 된다. 위화감이 있다는 것은 예를 들면 미국의 유명한 경영학자 마이클 포터Michael Eugene Porter의 저서와 하버드 경영대학원 교수 클레이턴 크리스턴슨Clayton M. Christensen의 저서 사이에 '부업으로 일확천금 벌기' 같은 책이 놓여 있는 상태다. 이런 책장에서는 책장 주인이 경영에 관심 있다는 것은 알 수 있지만 일관성이 느껴지지 않는다. 또 포터나 크리스턴슨에게 관심 있는 사람이라기보다 돈벌이에 열심인 사람이라는 인상을 주게 된다. 만약 부업으로 큰돈을 만지고 말겠다 생각했더라도 그렇다. 남에게 굳이 보이고 싶지 않은 데이터는 하드디스크 드라이브에 깊숙이 넣어서 눈에 띄지 않도록 두고 활용해야 한다.

기분 좋은 책장의 생명은 어떤 책을 선택하는지에 달려 있다.

그 점을 있는 그대로 보여 주는 곳이 'd-labo'다. d-labo는 스루가 은행의 롯폰기 미드타운 지점 입구에 들어서면 바로 보이는 책장으로 둘러싸인 공간이다. 여기에 진열된 책은 스루가 은행의 고객에게 어울리는 것을 전제로 북디렉터인 하바 요시타카幅允孝 씨가 '꿈과 돈에 얽힌 것'이라는 관점으로 엄선했다. 하바 씨는 병원 책장부터 백화점 매장, 회사 로비 등 많은 책장을 기획하고 있는데 각각 그 자리에 어울리는, 그러면서도 존재감 있는 책을 진열한다는 점에서 뛰어난 사람이다.

d-labo의 책장을 보고 있으면 내 선택과는 다름에도 불구하고 대단히 기분이 좋아진다. 책의 변화가 무궁무진해서 들를 때마다 새로운 발상을 얻는 데다가 '이렇게 기분 좋은 공간을 흩트리는 책이 왜 여기 있을까?' 하고 실망하는 일이 없기 때문이다. d-labo는 누구라도 자유롭게 출입할 수 있으므로 거기에서 온종일 자기 일을 하는 사람이 눈에 띄기도 한다.

기분 좋은 책장을 얻기 위해서는 하바 씨처럼 책을 '관리'하고 책장을 '기획'하는 것이 꼭 필요하다.

다른 사람의 눈을 의식한다는 의미에서 책은 옷과 비슷하다.
책장에는 외출복만 넣어 둬야 한다.
거기에 집 안에서나 입는 옷이 있어서는 안 된다.
파자마나 속옷은 당치도 않다.

책장에도

일, 일, 일뿐이라면

내 책장에는 소설이나 만화 같은 픽션은 없다. 노하우 책도 없다. 그뿐 아니라 업무에 관련된 책도 없다. 원래부터 일에 관련된 것은 꼭 필요한 책만 읽는다. 업무 관련 책밖에 읽지 않는 사람은 오히려 출세하기 힘들다고, 재미없는 인생을 보낼 수밖에 없다고 생각하기 때문이다. 오로지 업무 관련 책만 읽는 사람과는 같이 일하고 싶지 않다.

예를 들어 업무 수행 능력이 비슷한 직원이 두 명 있다고 하자. 한 명은 외모도 시원시원하고 대인관계도 좋다. 그런데 노래방이나 골프 이야기만 줄곧 하는 편. 평소 업무에 관련된 분야의 책만 겨우 읽을 뿐이다. 다른 한 명은 다소 소극적이어서 자기 어필이 서툴다는 평가다. 그렇지만 세계사나 전통 예능, 과학 등 어떤 화제에도 술술 대화를 풀어 나갈 수 있다. 두 사람 중 한 명을 승진시킨다면 누구를 선택할까?

나라면 당연히 후자를 선택한다.

왜냐하면, 사회인에게는 지위가 올라갈수록 넓은 시야가 필요하니까.

시야가 좁은 사람은 설령 승진했다고 해도 언젠가 일에서 막힌다. 대인관계에 힘쓰며 열심히 일하는 것만 중시되는 시기는 사회생활 처음 10년 정도뿐이다. 그 기간이 지나면 일 하나만 아는 사람은 그야말로 일밖에 모르는 바보일 뿐. 재미없는 사람이라는 딱지가 붙고 '잡담 능력'이 없다는 등의 이유로 인간관계에 문제가 생길지도 모른다.

독창성 있는 일을 하고 싶다면 자신의 업무 능력 주변에도 눈을 돌려야 한다. 이를테면 벤처캐피털 등의 투자 담당자는 최대한 많은 것을 알아야만 업무를 감당할 수 있다. 다양한 기업에 투자해야 하므로 당연하다. 일을 위해서 두루 많은 책을 읽는 것이 필요하다.

즉 젊을 때부터 시선을 높게 갖고 넓은 영역을 내다보기 위해 노력해야 한다. 그런 사람이 얼핏 보기에 일과 관계없는 책을 읽는다. 이런 노력을 하지 않으면 사회인으로서의 행동반경은 해가 갈수록 좁아진다.

일이라는 것은 익숙해짐에 따라 자연히 효율화된다. 처음에는 다양한 시도를 하지만 자신이 하는 일을 전반적으로 파악하고 나면 최소의 노력으로 최대의 결과를 얻으려고 하는 법이다.

알고 보면 사람은 대부분 자신의 책상을 중심으로 손을 뻗어 닿는 반경 2미터 정도에서 일을 끝내게 돼 있다. 반경 2미터라면 자기 키보다 조금 더 되는 정도? 다시 말해 일의 스케일이 자기 몸집 스케일과 비슷한 것이다. 이런 사람이 장래에 큰일을 할 거라는 생각은 도저히 들지 않는다.

하지만 책을 읽으면 스케일을 바꿀 수 있다. 예를 들어 《9·11의 표적을 만든 남자9·11の標的をつくった男》를 읽었을 경우 어떤 변화를 기대할 수 있을까? '9·11의 표적'은 뉴욕에 있던 세계무역센터 빌딩을 가리킨다. 책 내용은 빌딩을 설계한 미노루 야마사키山崎實(1912~1986) : 일본계 2세 미국 건축가로 세계무역센터의 설계자—옮긴이 주에 관한 내용이 대부분을 차지하지만 동시에 고층건축에 대해 쓴 책이기도 하다. 읽어 보면 높이 400미터가 넘는 건물도 친근하게 느껴지고 그 높디높은 곳에서 바라보는 경치

는 어떨지 상상하게 된다. 그때 그 사람의 시점은 반경 2미터를 벗어나 높이 도달해 있는 것이다.

400미터 높이의 시점은 그래도 실제 고층건물에 올라가면 얻을 수 있다. 하지만 독서를 통하지 않고는 쉽게 닿을 수 없는 시점도 있다.

우주의 수수께끼에 다가선 《제2의 지구를 찾아라!第二の地球を探せ!》를 읽으면 스케일은 미터나 킬로미터를 넘어 몇 광년 단위가 된다. 1광년은 약 9.5조 킬로미터이고 우리는 사무실 책상에 앉아 몇 광년이나 떨어진 우주를 실감할 수 없으므로 그 규모감은 책으로밖에 느낄 수 없다.

눈앞의 일을 초월하는 시점을 갖지 못하면 일의 스케일은 넓힐 수 없다. 어떤 일을 하는 사람이든 앞으로 지위가 올라갈 가능성이 있고 그러기를 바란다면 업무와 무관한 책도 읽어야 한다.

베스트셀러만
가득 찬 책장은
시시하다

개인적으로 책장에 두지 않는 책 이전에 아예 읽지 않는 책도 있다. 베스트셀러다. 몇십만 부 이상 팔리는 베스트셀러를 읽고 얻는 것은 다른 몇십만 명의 독자가 얻는 것과 같다. 남과 다른 사람이 되고 싶다면 남과는 다른 책을 읽어야 한다.

혹은 읽더라도 읽은 책 수에 꼽지 않고 주변에도 직접 말하지 않는다.

그래서 "어떤 책을 좋아합니까?"라는 질문에 "시바 료타로

司馬遼太郎(1923~1996) : 일본식 역사소설의 황금기를 열었다고 평가받는 일본의 국민

작가—옮긴이 주의 소설을 좋아합니다."라고 대답하는 사람이 이해되지 않는다. 말할 필요도 없이 시바 료타로나 그의 작품이 좋지 않다는 뜻은 아니다. 하지만 일본 비즈니스맨이라면 다들 시바 료타로가 역사소설을 많이 쓴 작가임을 알고 있고, 그 소설이 어떤 내용인지도 짐작할 것이다. 너도나도 알고 있는 작가나 책을 좋아한다고 대답하면 베스트셀러만 읽는 사람으로 보인다. 더구나 이것저것 다양하게 읽고 있으면서 베스트셀러를 대는 것은 이만저만 손해가 아니다.

물론 시바 료타로를 부정하는 것은 아니다. 솔직히 말하면 《료마가 간다》도 《언덕 위의 구름》도 첫 장을 펼치자마자 푹 빠져서 휘몰아치듯 단숨에 읽어 버렸다. 전자책으로 많이 접할 수 있는 이케나미 쇼타로池波正太郎의 작품도 상당히 읽을 만하다. 내친김에 살짝 이야기하면 무라카미 류村上龍의 《한없이 투명에 가까운 블루》도 무라카미 하루키村上春樹의 《노르웨이의 숲》도 발매 직후에 사 읽고 얻어맞은 듯이 한동안 움직일 수 없었다.

그렇지만 나는 메밀국수는 육수에 담그지 않고 먹는 것이 멋이라고 생각하는 도쿄 토박이같이 좋아하는 책이 무엇인가 하는 질문에는 베스트셀러 소설을 들지 않는 것이 멋이라고 생각한다. 도쿄 토박이는 죽을 때 "육수에 흠뻑 적신 메밀국수를 한 번 먹어 보고 싶었어." 하고 중얼거린다고 하는데 나도 "누군가 좋아하는 책을 물었을 때 시바 료타로라고 대답해 보고 싶었어." 하며 인생을 매듭지을지도 모른다.

어찌 됐건 나는 "어떤 책을 좋아하세요?"라는 질문을 받으면 베스트셀러가 아닌 다른 재미있게 읽은 책으로 대답한다. 예를 들면 "최근에 읽은 책 중에서는 물리학 팬들 사이에서 화제가 된 《양자혁명》이 재미있었어요." "동급생에게 살해된 소녀의 유가족 이야기인 《사과할 거라면 언제든지 와도 돼》는 생각하게 하는 점이 많았어요."라는 식이다.

돌아오는 반응이 좋지 않으면 상대가 책에 흥미가 없고 지적 호기심이 부족한 사람임을 알 수 있었다 치고 그것을 대화의 성과로 삼는다. 나중에 또 그 사람을 만나는 데 쓸 시간이 있다면 차라리 책 읽는 데 쓸 것이다.

한편 책에 흥미가 있는 사람이라면 거의 반드시 "어떤 내용인데요?" "관심이 가네요." 하고 반응을 보인다. 그러면 책 이야기로 자연스럽게 분위기가 고조된다. 책 이야기로 분위기가 무르익으면 상대방을 우리 집으로 초대하는 경우도 많다. 그리고 내 책장을 보여 준다.

그러면 더욱더 즐겁게 책 이야기를 할 수 있다. 상대방은 내가 어떤 책을 좋아하는 사람인지, 즉 내가 어떤 사람인지 알게 된다. 나는 책장을 바라보는 그 사람의 모습을 통해 그의 흥미와 관심 분야를 잘 알게 된다. 글을 쓰는 사람은 사전에 반응하고 벌레 마니아는 곤충 책에 눈이 쏠린다. 그리고 "이 분야라면 그 책도 재미있어요." 하고 가르쳐 준다. 책장을 보여 줌으로써 그때까지 몰랐던 재미있는 책의 존재를 알게 되는 것이다.

그러므로 책장은 자꾸자꾸 남의 눈에 띄도록 해야 하고 보여 주고 싶게 만들어야 한다. 내 책장에 대한 반응은 나에 대한 반응과 같다. 내가 재미있는 사람이 될지 시시한 사람이 될지 책장에 달려 있다. 책장은 책장 주인이 어떠한 지성의 소유자인가를 나타내는 도구다.

베스트셀러만 나란히 꽂혀 있는 감동 없는 책장을 남에게 보여 준다면? 그런 책장이야 갖고 있어 봐야 의미가 없다. 평범하기 짝이 없는 책장을 보여 줄 거면 아예 없는 편이 좋을지도 모른다.

Book Review

빛은 파장일 뿐만 아니라 입자이기도 하다. 아인슈타인이 1905년에 주장한 광양자설에 대해 왜 이 가설을 생각해 냈는지, 가설 증명을 위한 실험이나 그 후의 물리학적 발견으로 어떻게 이어졌는지 등이 유려한 문장으로 쓰여 있다. 물리학자 동료들과의 유대도 흥미롭다.

만지트 쿠마르, 이덕환 옮김, 《양자혁명 : 양자물리학 100년사》, 까치글방.

Book Review

2004년 6월에 일어난 사세보 초등학교 6학년 동급생 살해 사건의 피해자 아버지는 신문기자였다. 그 후배로 당시는 입사 4년 차 햇병아리 기자였던 저자가 가해자의 자숙 기간 때부터 10년간 가족 등 관계자의 심정을 취재해서 쓴 책이다. 피해자 오빠의 증언은 압권이다.

가와나 소시, 《사과할 거라면 언제든지 와도 돼謝るなら、いつでもおいで》, 슈에이샤.

보여 주고 싶은 책장,

소통하고 싶은 책장

책장을 남의 시선에 드러내는 것은 자신을 성장시킬 절호의 기회이기도 하다.

남에게 보이는 것에 거부감을 느끼는 사람도 있을지 모른다. 그러나 부끄럽다거나 지금까지 안 해 봤다는 이유로 보여 주지 않는 것은 "어떤 책을 좋아하세요?"라는 질문에 "아뇨, 책은 안 읽는데요."라고 대답하는 셈이다. 이것은 사회인으로서 나태하다고 할 수 있지 않을까?

자신이 어떤 책을 읽는지 남에게 보이는 것에는 분명 두려움도 따른다. 책장을 본 사람의 반응을 통해 자신을 어떻게 생각하는지 확실히 알게 되기 때문이다. 그래서 '이 사람은 베스트셀러밖에 안 읽는 거야?', '재미있어 보이는 책이 없네' 하는 생각은 들지 않게 책장에 넣을 책은 엄선해야 한다고 앞에서 말했다.

그러나 남에게 보이는 두려움을 뛰어넘고도 남는 장점이 있다.

사람은 남의 책장에서 평소 흥미 있던 책을 발견하면 반가워지는 법이다. 누군가의 책장에서 자신이 읽은 책을 발견하면 "이 책 나도 읽었어요. 재미있지요?"라고 말하지 않고는 지나치지 못한다. 이 말을 듣는다면 성공이다. 이쪽에서는 바로 이렇게 물어야 한다. "이 책과 같이 읽으면 재미있는 책 없을까요?"

그러면 대개 구체적인 책 이름이 나오게 된다. 주저 없이 그 책을 읽으면 된다. 그 과정을 반복하면 읽는 책의 범위는 자연히 넓어진다. 책장을 보여 주면서 읽는 책이 늘어나고 나아가서는 지성의 폭도 넓어진다. 단적으로 말하면 지적 수준이 올라가는 것이다.

추천받은 책이 재미있으면 또 다른 책을 추천받으면 되고 재미없으면 그 사람과는 책 취향이 다르다고 알게 된 것을 수확으로 여기면 된다.

남에게 보여 주고 싶은 책장을 꾸리고 그 책장을 통해서 책을 좋아하는 많은 사람과 소통할 것. 그것은 분명 당신의 세계관을 넓혀 준다.

남에게 보여 주고 싶은 책장을 꾸리고
그 책장을 통해서 책을 좋아하는 많은 사람과 소통할 것.
그것은 분명 당신의 세계관을 넓혀 준다.

책장은

아이디어의 원천

정성 들여 고른 책만 꽂아 둔 책장은 집 안에서 자연스럽게 눈에 들어오는 곳에 놓는다. 이 점이 중요하다.

그러면 매일 책장 모습이 눈에 들어오고, 현재 자신의 지적 상태를 파악할 수 있다. 책장을 보고 자신의 지적 상태를 확인하는 것은 거울을 보고 건강 상태를 확인하는 것과 같다.

거울을 보니 안색이 나쁘거나 피부가 거칠어졌으면 휴식을 취하고 영양제를 먹는 등 대책을 세운다. 그와 마찬가지로 자신의 지적 상태를 파악할 수 있으면 다음에 해야 할 행동이 정해진다. '요즘 과학책을 사다 놓고 안 읽었어', '경제 서적만 읽고 있어' 하고 느끼는 것이 새롭게 손에 들 책을 정하는 계기가 된다.

분야의 치우침뿐만 아니라 책을 읽는 속도도 파악할 수 있다. 만약 한 달에 두세 권밖에 안 읽는다면 시대의 변화를 따라가기 힘들다고 본다. 그러니 읽는 속도를 더 내야 한다.

또 당연한 이야기지만 책은 프로의 손으로 디자인돼 있다. 책을 집어 든 사람에게 내용을 상상하게 해서 읽고 싶다는 생각이 들도록 만들어져 있다. 책이 자주 눈에 띄다 보면 디자인이 마음에 들어서 산 책은 물론 구매 동기는 다른 데 있었던 책도 샀을 당시의 호기심이나 새로운 관심이 생겨난다.

책장을 눈에 띄는 곳에 두면 갖가지 영감이 떠오른다.

예를 들면 《제이콥, 안녕? : 자폐증 천재 아들의 꿈을 되찾아 준 엄마의 희망 수업》과 《파인만 씨, 농담도 잘하시네!》와 《일본건축 집중강의》가 꽂혀 있다면 〈조크 집중 강의〉 〈안녕? 아름다운 일본건축〉 같은 기획이 생겨날 것이다.

과연 그런 정도로 아이디어 같은 게 생길까 생각할지도 모른다. 하지만 아이디어는 아무 바탕 없이 생겨나지 않는 법이다. 내 안의 정보와 지식에서만 얻을 수 있다. 언뜻 보기에 별것 아닌 아이디어도 자꾸 만들다 보면 결국엔 빛나는 아이디어와 만날 수 있다. 그러기 위해 아이디어의 원천인 정보와 지식이 한데 뭉쳐진 책을 항상 눈에 띄도록 둬야 한다.

Book Review

제이콥은 두 살 때 중증 자폐증이라는 진단을 받았다. 진단을 받은 그날부터 현재까지 가족과 친구의 이야기를 중심으로 제이콥에 대해 엮은 책이다. 저자는 제이콥의 어머니이며 그녀가 제이콥의 재능을 끌어내 주지 않았다면 '아인슈타인에 견줄 만하다'는 찬사를 듣는 재능은 영원히 묻힐 뻔했다.

크리스틴 바넷, 이경아 옮김, 《제이콥, 안녕? : 자폐증 천재 아들의 꿈을 되찾아 준 엄마의 희망 수업》, 알에이치코리아.

Book Review

건축에 숨어 있는 수수께끼를 풀어내는 '건축 탐정'으로서도 친숙한, 건축가이자 건축사가建築史家인 후지모리 데루노부 씨. 야마토에大和絵 : 헤이안 시대의 국풍문화 시기에 발달한 일본풍 회화 양식의 하나 — 옮긴이 주나 우키요에浮世絵 : 에도 시대에 발달된 풍속화 양식 중 하나 — 옮긴이 주 양식의 섬세한 화풍으로 유명한 야마구치 아키라 화백. 이 두 사람이 13개의 일본 명 건축물을 탐방하며 서로의 지식과 감성을 주고받는 대담이다. 이런 책이 재미없을 리가 없다.

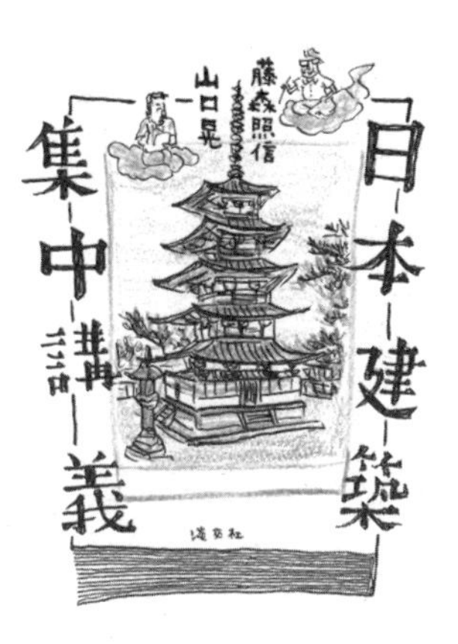

후지모리 데루노부×야마구치 아키라, 《후지모리 데루노부×야마구치 아키라 일본건축 집중강의藤森照信×山口晃 日本建築集中講義》, 단코샤.

Book Review

파인만은 1965년에 노벨 물리학상을 받았으며 양자전자기학을 크게 발전시킨 물리학자다. '물리', '전자기'라는 말만 듣고 뒷걸음치고 싶어지는 사람은 먼저 2권 역자 후기에 있는 우주왕복선 챌린저호 폭발 사고의 원인 규명 조사 위원회에서 파인만이 무엇을 했는지 읽어 보면 좋을 것이다. 그가 얼마나 유쾌하고 상식의 틀에 사로잡히지 않으며 자유로운 발상으로 인생을 살아왔는지 알 수 있다. 이 책은 파인만의 '자서전'이지만 쓴 사람은 파인만 본인이 아니라 친구인 랠프 레이턴이다. 파인만이 들려준 일화를 레이턴이 쓰면서 실제 일어난 일 이상으로 재미있는 이야기가 된 게 아닐까? 뭐 다소 과장이 있다고 해도 상관없다. 인생은 이런 식으로 살아도 좋다고, 성공하고 싶다면 낙관적으로 살아야 한다고 가르쳐 준다. 책 제목은 대학원에 갓 입학해 긴장한 파인만이 처음으로 초대받은 다과회에서 "레몬 넣을래요? 아니면 크림?" 하는 물음에 "둘 다."라고 대답했을 때 돌아온 말에서 유래한다.

리처드 필립 파인만, 김희봉 옮김, 《파인만 씨, 농담도 잘하시네! 1·2》, 사이언스북스.

분야가 구분된 책장은

나만의 정보 시스템

지금까지 책장의 역할과 기능에 관해서 이야기했다. 그 역할과 기능을 최대한으로 발휘하도록 하려면 책장에 넣는 책은 접근성을 최우선으로 해서 꽂아야 한다.

따라서 책은 분야별로 꽂는다. 책등 색깔별로 꽂거나 저자명이나 제목 가나다순으로 꽂는 사람도 있는데 그 방법은 책이 적을 때는 효과적이지만 책이 늘어나는 순간 문제가 생긴다. 책을 어디에 둘지는 내용에 따라 결정해야 한다.

예를 들면 베트남전에서 실시된 '뽀빠이 작전베트남 전쟁 당시 미국이 밀림 보급로 차단을 위해 요오드화은을 상공에 뿌려 일부 지역의 우기를 늘린 기상 작전—옮긴이 주'에 대해 상세히 알 필요가 생겼다고 하자. 그 내용을 다루고 있는 책은 분명히 책장에 있다. 다만 제목은 베트남 전쟁과 관련 없는 책이었다는 기억이 난다. 그렇게 생각하면서 도대체 어느 책에 있었더라? 하고 책장 앞으로 발걸음을 옮긴다.

베트남 전쟁에 관한 기술이라면 역사와 관련된 책에 들어 있을 가능성이 있다. 그렇다면 역사책이 꽂혀 있는 한쪽 모퉁이로 손을 뻗어 한 권씩 목차를 보고 나서 책장을 훌훌 넘기며 확인하면 된다. 책장을 한 장씩 넘기며 확인하는 것보다 효율적인 방법도 있지만 거기에 대해서는 제3장에서 기술한다.

찾으려는 책은 어쩌면 과학 코너에 있을지도 모른다. '뽀빠이 작전'은 미국 정부가 베트남의 기상을 통제해서 아군에 유리한 전쟁을 하려고 시도한 것이기 때문이다. 구체적으로 어떠한 방법을 쓰려고 했는가 하는 해설은 역사책보다는 과학책에 있을 가능성이 있다.

거기까지 생각하고 과학책 코너를 살펴보면 《기상을 조작하고 싶어 했던 인간의 역사》에 도달할 수 있다. 이 책은 제목에 역사라는 말이 들어 있지만 각 장의 제목은 '병적病的 과학(제5장)', '기후 엔지니어(제8장)' 등으로 확실한 과학책이다.

만약 책등의 색상별로 꽂았다면 이런 식으로는 찾을 수 없다.

도서명 순으로 꽂아도 찾는 수고는 마찬가지다. 저자 순이었다고 해도 저자가 제임스 로저 플레밍이었다는 것을 생각해 내기는 무리다. 결국 책장에 책을 진열할 때는 분야별로 보기 쉽게 꽂는 것이 가장 좋다. 책장은 책을 수납하는 장소가 아니다. 읽고 싶은 책을 바로바로 펼쳐 보기 위한 시스템이다.

Book Review

2008년 베이징올림픽에서는 개회식에 비가 내리지 않도록 인공소우가 시도됐다. 이것은 요오드화은을 비구름에 발사해서 개회식장과 떨어진 곳에 비를 내리게 하는 인공강우이기도 했다. 이 기술 개발에 매달린 것은 냉전 시대의 미군이었다. 개발에 성공하면 자연적으로 내리는 비처럼 해서 특정 지역에만 본격적으로 방사성 물질을 뿌릴 수 있다고 생각했다. 그로부터 50년이 지난 현재, 다행스럽게도 그 몽상이 현실이 되지는 않았지만 세상에는 별별 생각을 다 하는 사람이 있게 마련. 인공적으로 비를 내리게 하는 직업을 가진 탓에 소송을 당한 사람도 있고, 마미야 해협사할린 섬과 아시아 대륙 사이에 있는 해협—옮긴이 주에 난류를 끌어들여 오호츠크 해를 활용하려고 생각한 사람도 있으며, 우주에 거울을 설치해 한랭지를 온난화하려 한 사람도 있다. 만약 실현된다면 무서운 일이다. 색인에는 정치가나 과학자의 이름이 많이 나와 있는데 그걸 보고 누가 무엇을 조작하고 싶어 했는지 읽어 나가는 것도 재미있다. '인간이 기상을 조작해도 되는가?'라는 윤리적인 부분도 파고든다.

제임스 로저 플레밍, 오니자와 시노부 옮김, 《기상을 조작하고 싶어 했던 인간의 역사気象を操作したいと願った人間の歴史》, 기노쿠니야쇼텐.

책장을 편집할 수 있다면

인생도 편집할 수 있다

책장은 외장형 두뇌다. 객관적으로 자신의 과거와 현재를 파악할 수 있도록 도와주며 미래의 자신의 모습을 비춰 주는 거울이기도 하다. 이런 책장의 성격을 기초로 책장을 편집하면 인생까지 편집할 수 있을지 모른다.

'편집'이라는 말을 사전에서 찾으면 '일정한 방침 아래 여러 가지 재료를 모아 신문, 잡지, 책 따위를 만드는 일'이라고 나온다. 자신의 방침에 따라 책장을 편집해 가자.

지금까지 설명해 온 책장 만들기의 포인트는 처음에 제시했다.

- 보기 편할 것
- 20퍼센트의 여백이 있을 것

이 두 조건에 더하여

- 승부수가 될 책만 둘 것
- 다양성은 갖되 위화감을 없앨 것
- 언제나 변화할 것

이 핵심이다.

먼저 '승부수가 될 책만' 꽂을 때는 꽂지 않을 책을 정해 놓는 것이 최고의 지름길이다.

내 경우는 앞에서 언급한 만화나 소설 같은 픽션, 업무 관련 책 외에도 꽂지 않는 책을 정해 뒀다. 다 읽었지만 읽는 데 시간이 걸리지 않은 책이다. 이런 책은 자료로 사용하기에 부족하고 읽고 얻을 수 있는 지식이나 새로운 정보가 적다. 다시 읽을 필요성도 못 느끼고 실제로 다시 읽을 기회는 거의 없다. 그러므로 소중한 책장 공간에 이런 책은 두지 않기로 정했다.

그리고 다양성은 갖되 위화감은 없애는 데 필요한 것은 어떤 분야의 책을 둘 것인가 하는 설정뿐만 아니라 그 분야의 테마를 정해 두는 것이다.

예를 들면 다이칸야마 쓰타야 서점의 요리책 코너에는 당연히 '요리' 종류 책만 놓여 있다. 그러나 '스피드 쿠킹, 간편, 간단' 같은 종류는 진열하지 않는다는 룰이 있다. 그것은 그 서가의 테마가 '오늘 먹은 음식이 내일의 나를 만든다'이기 때문이다. 테마가 있고 그 테마를 따르고 있기 때문에 같은 분야의 서가라도 보통 서점과는 다른 분위기의 서가를 만들 수 있는 것이다.

나의 테마는 물론 '남들이 읽지 않는 재미있는 책'이다.

이 테마는 자신과 시대의 변화에 따라 바뀌어도 상관없다. 사회인이라면 5년 정도가 주기일 것이다. 5년이 지나면 업무 내용도 개인도 변화하는 경우가 많아서 그렇다. 삶이 단조롭다고 느끼는 사람도 5년마다 책장의 테마를 다시 설정함으로써 지금보다 풍요로운 인생을 누리게 될 것이다. 새로운 테마는 책장 주인의 성장을 촉진한다.

언제나 변화하는 책장을 만드는 법에 대해서는 이제 제2장에서 자세히 다룬다.

제2장

이상적인 책장의 구조

필요한 책장은 세 개

사회인이라면 세 개의 책장을 가져야 한다.

그 책장은 이렇게 세 개다. 각각 크기도 타입도 다르다.

(1) 신선한 책장

산 지 얼마 안 되는 책, 앞으로 읽을 책을 두는 공간.

여기 있는 책은 미래에 자신의 교양이 된다(71페이지).

(2) 메인 책장

다 읽은 책을 효율적으로 꽂아 두는 장소.

세 개의 책장 중 가장 용량이 크다.

보통 집에 두고 있는 책장이 이 책장에 가깝다(79페이지).

(3) 타워 책장

생각날 때 참조하고 싶은 책을 쌓아 두는 책장.

사전이나 핸드북 등으로 구성된다.

지식을 층층이 쌓아 올리는 이미지다(119페이지).

(1) 신선한 책장

〈신선한 책장〉이란 앞으로 읽을 책, 지금 읽고 있는 책을 두는 공간이다. 설치 장소는 거실같이 집에 있을 때 오랜 시간을 보내는 편안한 곳이 좋다. 사람에 따라서는 텔레비전을 보는 소파 앞일 수도 있고 컴퓨터 근처인 경우도 있을 것이다. 이 책장은 '선반'을 필요로 하지 않는다. 사 온 새 책을 그대로 놓으면 거기가 〈신선한 책장〉이 된다. 〈신선한 책장〉은 새로운 지식을 맞아들이는 현관이다. 폭이 좁아서는 안 된다. 어떤 내용의 책이라도 반갑게 맞아들여야 한다.

여기서 포인트는 책을 눕힌 채로 놓는 것이다. 그리고 책등의 제목이 보이도록 쌓아 간다. 크기별로 가지런히 쌓는 게 중요하다. 그렇게 하면 지저분해 보이지 않는다. 내게는 문고, 신간, 단행본, 잡지를 포함한 대형본, 이렇게 네 개의 〈신선한 책장〉이 있다.

책을 두는 곳이 집에서 가장 오래 시간을 보내는 곳이면 좋든 싫든 눈에 들어온다. '뭘 읽어 볼까?' 하는 마음이 들게 된다.

서점을 떠올려 보자. 신간이나 서점이 힘을 싣고 있는 책은 '평대74페이지 일러스트 참조'라고 부르는 판매대에 쌓여 있다. 평대는 서점에서 회전율이 가장 높은 곳이다. 이곳에는 선택된 책만 놓인다. 주간지는 일주일이면 교체되고 문고나 신간은 기껏 머물러야 한 달 정도 될까? 단행본도 판매량이 저조하면 평대에서 사라진다.

평대는 출판사가 책을 올려놓기 위해 날마다 쟁탈전을 벌이는 곳이기도 하다. 또 신간이 처음으로 독자를 만나는 곳이라 서점에서도 각별히 정성을 들여서 갖춰 놓는다.

〈신선한 책장〉은 나의 '평대'다. 가능한 한 넓은 면적을 확보하고 앞으로 읽을 책을 쌓아 둔다. 미관상의 문제나 가족들의 생각도 고려해서 놓을 공간을 정하는 게 좋다. 나는 거실 벽을 따라 문고, 신간, 단행본을 쌓고 낮은 탁자 위에 대형본을 둔다.

여기에 두는 책은 절대로 속이 보이지 않는 상자에 넣어서는 안 된다. 한눈에 보여야 한다.

이 〈신선한 책장〉에 놓인 책은 다 읽고 나면 다음에 소개하는 〈메인 책장〉으로 옮긴다. 하지만 읽은 책을 모두 〈메인 책장〉에 넣지는 않는다. 그 전에 메인 책장으로 옮길지 말지를 정하는 결단이 필요하다. 이곳은 그때까지의 임시 보관소이기도 하다.

다시 말하면 〈신선한 책장〉의 철칙은 받아들이는 책을 제한하지 않는 것이다. 〈신선한 책장〉은 항상 변화하는 책장이고 자신이 지금 어디에 흥미가 있는지를 나타내는 진열대다.

자세히는 제3장에서 다루겠지만 꼭 책 한 권을 다 읽고 나서 다음 책으로 넘어갈 필요는 없다. 음식을 몇 가지씩 집어먹듯이 오늘은 이 책을 읽다가 내일은 다른 책을 이어서 읽어도 상관없다. 졸작《책, 열 권을 동시에 읽어라》에서도 여러 권을 동시에 읽으면 속독, 다독이 가능하다고 썼는데 이 〈신선한 책장〉에서 읽을 책을 무작위로 선택하면 보다 효율적으로 읽을 수 있다.

| 전면 진열·책등 진열 |

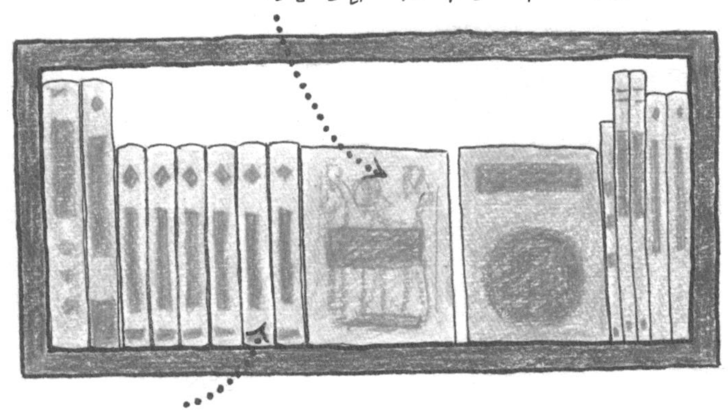

항상 있는 책은 서점원이 관심을 두고 보충해 놓는 경우가 많다.

어떤 책이든
가리지 않고 받아들이는

〈신선한 책장〉

〈신선한 책장〉에는 매일 뭔가 변화가 있다. 외출할 때 갖고 다니는 책도 여기서 고른다. 읽지 않고 계속 쌓아 놓은 책이 있더라도 상관없다. 너무 오래 쌓아 놔서 신선도가 떨어진 경우는 다음에서 설명할 〈메인 책장〉으로 옮기면 된다.

〈신선한 책장〉에서 〈메인 책장〉으로 옮기는 횟수는 일주일에 한 번 정도를 기준으로 한다. 이 〈신선한 책장〉의 시점에서 '재미없다'고 생각되면 판매할 책으로 따로 상자에 넣거나 버린다. 〈신선한 책장〉은 어떤 책이든 받아들이지만 〈메인 책장〉은 그렇지 않다. 〈신선한 책장〉은 〈메인 책장〉으로 가는 선발 장소이기도 하다.

판매할 책을 모아 상자가 가득 차면 중고 서점에 판다. 직접 가져가지 않아도 인터넷으로 신청하고 택배 픽업 서비스를 받으면 나중에 책값이 입금된다. 큰돈을 받는 건 아니어도 갖고 갔다 오는 시간 정도는 아낄 수 있다. 사실 중요한 건 용돈벌이가 아니고 공간의 낭비를 막기 위해서니까.

| 신선한 책장을 만들자 |

크기별로 한 뭉치씩 둔다.

대형본

신서, 문고

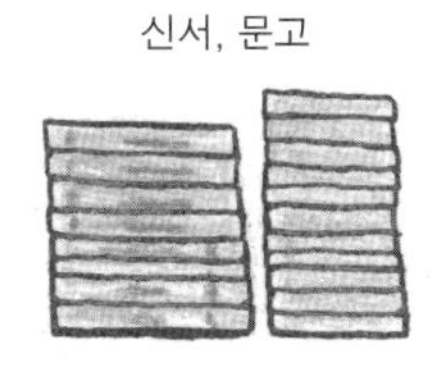

단행본

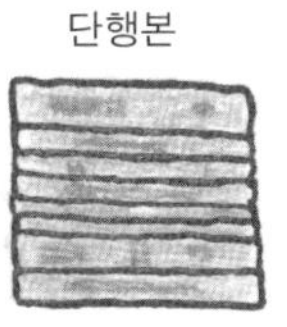

〈신선한 책장〉이 있으면 사고 싶은 만큼 사도 된다.

편하게 쉴 수 있는 곳에 방해가 되지 않도록 둔다.

어느 날 나루케네 집의 신선한 책장 - 책 사이즈별로 정리

단행본(사이즈: 128~148 * 188~210 내외)

앞으로 읽을 신간. 테마는 제각각이지만 그래서 더 좋다.

대형본(잡지 사이즈 정도의 크기)

아직 〈메인 책장〉으로 옮기고 싶지 않은 책을 남겨 두는 곳이기도 하다.

신서(사이즈: 103 * 182 내외)

흥미가 있는 신서는 일단 사서 여기에 쌓아 둔다.

문고(사이즈: 105 * 148)

문고판은 별로 사지 않는 편이라 변화가 적다.

(2) 메인 책장

제1장에서 말한 당신의 외장형 두뇌가 되는 것이 이 〈메인 책장〉이다.

메인이라고 해서 큰 벽 한 면을 모두 차지할 필요까지는 없다. 추천하는 크기는 문 한 짝 정도 크기인 높이 180센티, 폭 90센티 정도다. 놓는 장소는 자주 지나다니는 곳, 눈에 잘 띄는 곳이 좋다.

책장이 너무 크면 둬야 할 곳에 놓지 못하거나 꽂아 둔 책을 관리하기 힘들어지니 이 정도 크기가 적당하다. 물론 더 크거나 작아도 문제는 없다. 관리에 자신 있으면 갖고 있는 책에 맞춰

두 개든 세 개든 놓으면 된다.

중요한 것은 높이나 가로 폭보다 깊이다. 안쪽에 꽂은 책 앞쪽에도 책을 쌓아 두기 위한 공간이 필요하다. 안에는 다 읽은 책을 꽂고 앞쪽 공간에는 제대로 읽지 않은 책을 쌓는다. 즉 앞쪽은 사 놓고 읽지 않은 책을 두는 공간으로 한다. 〈신선한 책장〉에서 설명했듯이 읽지 않은 책을 평대에 두는 감각이다. 이 공간은 〈메인 책장〉과 〈신선한 책장〉의 완충지대다.

그래서 〈메인 책장〉의 깊이는 반드시 28센티 이상 돼야 한다. 그렇지 않으면 앞쪽에 하드커버 책을 효율적으로 놓을 수 없기 때문이다. 하드커버는 꿰매서 묶은 책 표지를 딱딱한 종이로 만든 것이다. 크기는 4·6판세로 188mm×가로 127mm, 또는 A5판세로 210mm×가로 148mm이 많다. 이것을 깊이 28센티의 선반 안쪽에 세워서 꽂으면 앞쪽에 13센티에서 15센티 정도의 공간이 생긴다. 그러면 살짝 밀려 나오기도 하지만 거기에 하드커버를 옆으로 눕혀서 쌓을 수 있다.

앞쪽에 놓는 책은 위까지 빼곡히 쌓지 않도록 한다. 안쪽에 꽂힌 책의 책등이 보이지 않게 되니 쌓는 높이를 반쯤에서 멈춘다. 이 룰을 지키는지 아닌지에 따라 책장이 보기 편한지 불편한지 확실히 달라진다.

깊이뿐만 아니라 칸의 높이도 또 중요하다. 여기에서는 책장을 구성하는 공간의 최소 단위를 칸으로 부르기로 한다. 얼음틀의 네모 한 개가 책장 한 칸이라고 떠올린다. 높이가 21센티를 넘어야 A5판을 세워서 꽂을 수 있다. 꺼낼 때의 편리함을 고려하면 22센티는 돼야 한다.

그리고 놓치지 말아야 할 한 가지가 더 있다. 책장 뒷면이다. 뒷면이 막혀 있는 것보다는 뚫려 있는 형태가 좋다. 통풍이 잘돼서 책이 쉽게 손상되지 않는다. 이 조건에 맞는 책장을 찾아보니 이케아의 '칼락스 선반 유닛4단×2열', 무인양품의 '스태킹 선반 세트5단×2열' 등이 있다.

추천 메인 책장

이케아IKEA

칼락스 선반 유닛KALLAX Shelf Unit

이 시리즈는 파스텔 색조를 포함 풍부하고 다양한 색상을 자랑한다.
가장 추천하는 것은 자작나무 무늬.

무인양품

스태킹 선반 세트 Stacking Shelf Set

책장 칸 수가 여덟 개로는 부족하다면 이 상품을 추천한다.
떡갈나무 소재 제품과 호두나무 소재 제품이 있다.
견딜 수 있는 하중은 선반 한 칸당 20킬로.

'과학, 역사, 경제'가 들어 있는 〈메인 책장〉

〈메인 책장〉을 만들 때는 먼저 어떤 분야의 책을 어느 칸에 넣을지 정한다.

옷장을 정리할 때 속옷, 셔츠, 하의 등 종류별로 위치를 정해 놓으면 정리정돈이 편해지듯 책도 분야에 따라 위치를 미리 정해 두면 편하다.

여기에서 사용하는 책장은 4단×2열의, 적어도 칸이 여덟 개로 나뉘어 있는 것이 좋다. 만약 네 칸밖에 없다면 칸막이나 표시로 나눠서 여덟 칸 있다고 가정한다.

칸에 배정할 분야는 원칙적으로 자기가 좋아하는 종류면 된다. 다만 사회인이라면 최소한 ① 과학, ② 역사, ③ 경제 칸이 없는 책장을 만들어서는 안 된다. 이들 공간을 준비해야 하는 데는 뚜렷한 이유가 있다.

먼저 ①의 과학은 일상생활에서는 느끼기 어려운 스케일 감각을 익히는 데 빠뜨릴 수 없는 분야다. 과학을 통해서 몇억 광년이라든가 1밀리의 몇천 분의 1이라든가 하는 문자 그대로 차원이 다른 존재를 인식하게 되면 자신은 그저 우물 안 개구리였음을 깨닫는다. 그런 깨달음이 거시적 안목을 갖는 계기가 된다.

특히 자신을 문과형이라고 생각하는 사람은 과학 서적을 읽어야 한다.

미국 대학에서는 문과라도 철저히 과학을 공부하게 한다. 학생 시절에 과학을 공부한 사람이 만든 제품은 버튼 하나로 뭐든 할 수 있도록 디자인과 기능 양쪽 모두를 만족시킨다. 일본 제품이 그렇지 못한 것은 상품 개발에 과학을 공부함으로써 생기는 거시적 안목이 부족하기 때문이 아닐까.

다만 과학에도 분야는 다양하다. 처음부터 전부를 받아들이기는 어렵다. 나는 우주에 관한 책을 많이 읽었다. 우주는 모든 과학으로 이어지기 때문에 입문으로 권할 만하다.

②의 역사를 넣어야 한다는 것은 말할 필요도 없다. 우리는

역사에서 배워야 하기 때문이다. "어리석은 자는 경험에서 배우고, 현명한 자는 역사에서 배운다독일의 정치가 비스마르크의 명언이다—옮긴이 주."는 말이 있다. 자신이나 자신과 별로 차이 없는 사람에게 배울 수 있는 것은 많지 않다. 역사적 사실이나 위대한 인물에게는 분명 배울 것이 있다. 도쿠가와 이에야스가 기다림의 중요함을 가르쳐 주듯 말이다.

역사를 읽어야 할 이유는 하나 더 있다. 뛰어난 경영자 대부분이 역사를 가르침으로 삼는다. 역사를 모르면 그런 사람들과 같이 일할 기회가 있어도 배울 수 있는 것은 한정돼 있다.

다만 역사 또한 시대별로 다양하다. 그래서 입문으로 할 분야는 압축하는 것이 좋다. 예를 들어 서양이라면 근대사, 일본이라면 에도 시대, 한국이라면 조선 시대를 입문 삼는 식으로 말이다.

③은 경영이 아닌 경제다. 나는 성공 여부의 50퍼센트가 운이라고 생각한다. 나머지 50퍼센트는 외부 요인이다. 그래서 비즈니스맨에게 가장 필요한 것은 외부 요인을 예측해 가는 힘이다. 물론 외부 요인을 개인의 힘으로 바꿀 수는 없지만 최소한 외부 요인의 변화를 파악할 수는 있다. 그 파악하는 능력을 기르는 데 필요한 것이 최신 경제의 동향을 아는 것이다.

예를 들어 앞으로 일본에서 새롭게 비즈니스를 시작한다면 인력이 중심이 되는 일은 추천할 수 없다. 앞으로 점점 인력난이 심각해지기 때문이다. 일본의 인력난에 대해서는 경제서에서 이미 수없이 제시하고 있다.

이를 기초로 해서 내가 추천하는 책장 구성은 아래와 같다.

- 오른쪽 – 위에서부터 첫째 단 : 과학, 둘째 단 : 역사, 셋째 단 : 경제, 넷째 단 : 무거운 책
- 왼쪽 – 위에서부터 첫째 단 : 특별 전시, 둘째 단 : 사건·사회, 셋째 단 : 문화·예술, 넷째 단 : 앞으로 처분할 책

쓰기 편한 책장은 바로 이것!!

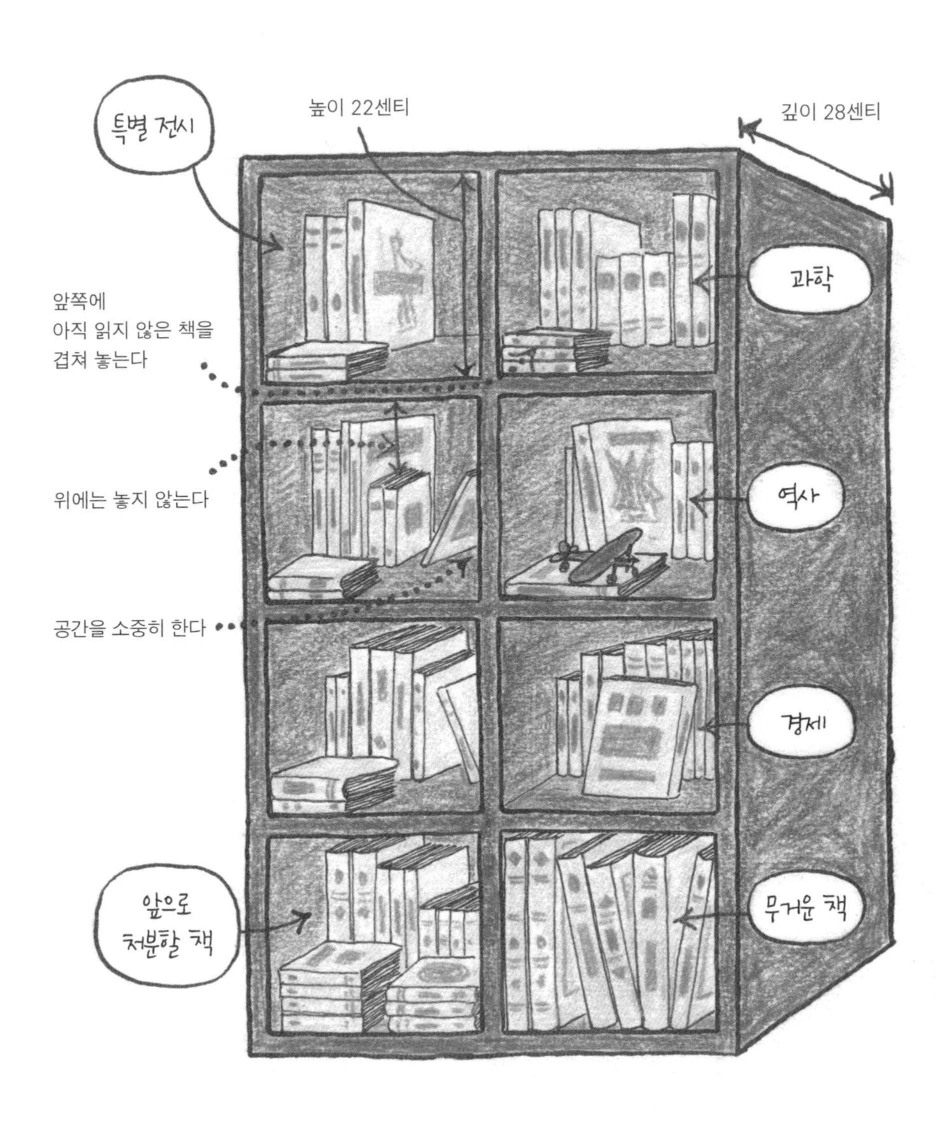

먼저 오른쪽 열 4단째 '무거운 책' 칸은 어떤 칸일까? 원래라면 각각 분야에 맞는 칸에 넣고 싶지만 책장의 안정성을 생각해서 하단에 두는 것이 좋은 책을 위한 공간이다. 사진집도 여기에 넣는다. 여기에 들어가지 않는 대형본은 책장 옆에 자리를 확보해서 바닥에 세워 꽂는다. 즉 〈메인 책장〉을 책장 밖으로 확장하는 것이다. 책장에 넣지 못해 아쉽지만 책장에 안 들어갈 것 같아서 아예 안 산다는 본말전도를 막기 위한 대책이기도 하다. 큰 책을 위한 책장은 따로 준비하지 않는다. 크기가 큰 책은 대부분 표지가 아름답다. 무리해서 책장에 넣지 말고 장식품으로서 인테리어에 활용한다고 긍정적으로 생각하면 그만이다.

'앞으로 처분할 책' 칸은 물리적으로 〈메인 책장〉에 다 넣을 수 없는 책의 임시 보관소다. 더는 〈메인 책장〉에 둘 수 없다고 판단된 책을 일단 여기에 둔다.

'문화·예술'을 왼쪽 열 3단째로 배치한 것은 이 종류에 좋은 종이를 사용한 무거운 책이 많기 때문이다.

책장의 수나 취미, 관심사에 따라 '과학' 칸이 두 개가 되거나

'문화·예술' 대신에 다른 분야가 들어가기도 할 것이다. 다시 말하지만 '과학', '역사', '경제'는 비록 지금 관심이 없더라도 공간을 확보해 둬야 한다. 책장에 공간이 있으면 거기에 책을 꽂고 싶어진다. 빈 공간도 책장에는 빠뜨릴 수 없는 요소인 셈이다.

지금까지 이야기한 분야 이외에도 스포츠, 종교, 철학, 요리, 여행, 연극, 음악 등이 있다.

이 중 어떤 방면인가에 문외한이다 싶은 사람은 행복한 사람이다. 먼저 칸을 확보해 두면 그리 머지않은 미래에 그 분야를 꿰뚫고 있는 자신의 모습을 뿌듯해 하게 될 것이다.

책장에 있는 분야는 많으면 많을수록 좋다. 그런 의미에서 좋아하는 분야에만 넓은 공간을 할당해도 될지 깊이 생각해 볼 일이다.

칸이 적은 책장에 경계를 지어 사용하려면 완전히 나눌 수는 없더라도 경계를 나타내는 테이프를 붙이는 등의 구분 표시 정도면 된다. 여기에서 주의할 것은 한 분야의 책이 다른 분야의 칸으로 조금씩 넘어오는 것을 막아야 한다. 구역은 정확히 정한다.

옷장을 정리할 때 속옷, 셔츠, 하의 등
종류별로 위치를 정해 놓으면 정리정돈이 편해지듯
책도 분야에 따라 위치를 미리 정해 두면 편하다.

1년에 열두 가지

특별한 지식이 생긴다

책장 왼쪽 상단은 '특별 전시' 공간이다.

미술관이나 박물관에는 거의 상설 전시 외에 특별 전시가 있다. 소유하고 있는 작품이나 대여해 온 작품을 특정 테마로 엄선해서 전시하는 것이다. 서점에서도 페어 코너를 마련해 신간 이외의 책에 스포트라이트를 비추는 광경을 자주 본다페어는 라틴어의 휴일이라는 의미에서 유래된 말로 전시와 함께 판매가 이뤄지는 공간이다—옮긴이 주.

이것을 내 책장에도 도입한다. 그 페어의 장場이 되는 곳이 왼쪽 제일 위 칸의 '특별 전시'다.

〈메인 책장〉은 이미 과학, 역사, 경제, 사건·사회, 문화·예술 등으로 나뉘어 있지만 특별 전시 칸에서는 그런 구분에 얽매이지 않고 자유롭게 테마를 정한다. 진열하는 책은 자연히 다른 선반을 오갈 수 있다. 테마는 이를테면 배, 서울, 풍류, 빛 등이다. 겉면이 검은 책, 제목이 긴 책, 도판이 풍부한 책 등도 재미있을 것 같다.

즉 무엇을 '특별 전시'할지는 자유롭게 정하면 된다. 중요한 것은 테마를 정하고 그에 맞는 책을 다른 칸에서 선별해 한곳에 모으는 것이다.

같은 책이라도 옆에 있는 책과의 조화에 따라 자아내는 분위기가 달라진다. 그리고 그것을 보는 사람의 사고도 변화한다. 이 선반을 만들기만 해도 자신이 설정한 '특별 전시'의 테마가 되는 책을 의식하고 꼼꼼히 읽어서 남다른 지식을 얻게 되리라 기대할 수 있다.

'특별 전시'의 교체 빈도는 한 달에 한 번 정도가 기준이다. 1년에 열두 번이면 열두 가지 특별 테마에 대한 교양이 깊어진다.

'특별 전시' 칸을 만들면 지금 자신이 어디에 관심을 두는지 알 수 있다. 그리고 무엇에 관심이 없는지도 알 수 있다. 새로운 관점으로 책을 보고 여기에 이런 책이 있으면 균형이 잡히겠다 생각이 든다. 그럼 적합한 책이 없는지 서둘러 찾을 일만 남았다.

나루케의 집 특별 전시

오다 노부나가

수호전

오다 노부나가, 수호전 모두 나루케가 소장한 것 중 아주 일부다. 서점이라면 다른 선반에 놓여 있을 책을 모아서 세상에 하나뿐인 특별 전시 코너를 만든다.

〈메인 책장〉에 넣는 기준은

'재미, 신선함, 정보량'

책이 책장 칸에 다 들어가지 않으면 넣을 책을 선택한다. 빼곡히 다 꽂는다고 좋은 것은 아니다. 책은 80퍼센트까지, 나머지는 빈 공간으로 남겨 둬야 한다고 앞 장에서도 말했다. 아주 단순한 룰에 따라 선택한다.

기준은 다음과 같다.

① 재미있는가

② 새로운가

③ 정보가 많은가

재미없는 책에 대해서는 앞에서 다뤘다. 재미없는 책을 책장에 두는 것은 의미 없는 일이다. 이때 사람들 대부분이 '재미있다'고 하는지, 즉 잘 팔리는 책인지 아닌지는 고려하지 않는다. 내게 재미있는지 없는지로만 선택한다.

재미있는 책을 골랐으면 다음에는 거기서 '새로운 책'을 기준으로 선별한다. 책의 맨 뒤쪽 판권 페이지에 기재된 발행일을 참고로 하자. 다만 잡지 연재 기사를 모은 책은 출간 시점에 이미 옛날 책이 되기도 하니 주의해야 한다.

특히 '과학'이나 '경제'의 세계는 끊임없이 새로운 발견이 이어지며 내용 변화가 빠르다. 오래된 책을 애지중지 간직할 필요는 없다. 의식적으로 새롭게 바꿔 가야 한다.

그러나 '예술'이나 '종교'같이 정보와 크게 관련 없는 종류도 있다. 이 분야에서는 이렇다 할 새로운 정보 없이 비슷한 내용으로 책이 계속 나오기도 한다. 새 책이 이전 책을 참고해 나와서 신간의 의미가 없거나 오히려 구간 쪽이 더 좋은 경우도 있다. 책을 잘 비교해 봐야 한다.

발행일이 기준이 되지 않는 경우는 세 번째 기준으로 정보가 많은지에 주목한다.

나는 고민이 되면 사진이나 그림이 많은 책을 선택한다. 전문적인 사진이나 그림은 인터넷으로는 거의 볼 수 없으므로 갖고 있는 것이 가장 좋다.

신진대사를 위해서는

공간을 소중히 한다

선별한 책을 책장 칸에 꽂는 데에도 요령이 있다. 앞에서 말한 룰은 '읽은 책은 안쪽에 세워서 꽂고, 아직 읽지 않은 책은 앞에 눕혀서 쌓는 것'이다.

이때 안쪽에 세워서 꽂은 책 위에도 공간이 조금 생길 것이다. 하지만 거기에는 절대로 책을 두지 않는다. 위에까지 빼곡히 채우면 안 된다. 빈 채로 그대로 둔다. 이렇게 하면 책을 꺼내기 편한 것은 물론이고 보기에도 훨씬 좋다. 책장은 돋보이는 것도 중요하다. 어수선해지면 그 순간 신진대사에 이상이 생기고 책이 쌓이는 원인이 돼 버린다.

또 말하자니 잔소리 같지만 20퍼센트는 비워 둔다. 〈메인 책장〉을 책으로 가득 채우지 않는다. 새로운 책을 받아들일 공간은 항상 준비해 둬야 한다.

안쪽에 세워서 꽂는 책의 책등 높이를 순서대로 맞출 필요는 없다. 두께와 책등 색상으로 순서를 정할 필요도 없다. 여기서는 룰을 만들지 않는다. 책등의 높이를 가지런히 꽂는 것보다는 불규칙한 편이 활력이 느껴져서 좋다. 문고판이 세 권 꽂혀 있는 옆에 키가 큰 하드커버가 있고 또 문고판이 두 권 있는 식의 불규칙도 재미있다. 리듬을 주면 책장에 여유가 생긴다.

가까이에 책을 두면 읽게 된다

사 놓고 읽지 않았다고 해서 책의 존재를 심리적 압박으로 느낄 필요는 없다. 읽고 싶지만 그냥 놔둔 책이 내게도 있다. 아직 읽을 타이밍이 아니고 그렇다고 처분할 수도 없는 책은 무리해서 급하게 읽지 않는다. 언젠가는 내 피와 살이 될 거라 믿고 거기 놔둬도 좋다.

다시 말하지만 앞쪽에 두는 읽지 않은 책을 책장 칸 전체 높이까지 쌓아서는 안 된다. 안에 있는 책이 보이지 않기 때문이다. 가득 쌓으면 보기 불편해서 책장이 제 역할을 못 한다. 앞쪽에 놓되 보기 편하게 놓는 것이 책을 손에 잡게 하는 손쉬운 비결이다.

쌓을 때는 판형이 큰 책은 아래에, 작은 책은 위에 놓으면 안정감이 생긴다. 물론 책등이 앞에서 보이도록 한다.

이 원칙들을 기초로 책을 쌓으면 사용하기 편하고 보기 좋은 책장이 만들어진다.

테마가 있는 책장은 훌륭한 책장이다

지금까지 소개한 방법으로 기능적이고 보기 좋은 〈메인 책장〉이 만들어졌다고 생각한다. 그러나 보다 훌륭한 책장이 목표라면 마음에 드는 서점의 진열 방식을 참고하는 게 도움이 된다.

내가 참고로 하는 책장 하나는 다이칸야마 쓰타야 서점의 책장이다. 이곳은 얼핏 보면 책 진열에 룰이 없어 보인다. 하지만 알고 보면 통일성이 있어서 나도 모르게 책을 펼치게 하는 힘을 갖고 있다. 담당 직원의 이야기를 들어 보니 '테마'가 정해져 있다고 한다. 테마가 확실하면 책을 진열할 때 고민이 생기지 않는다. 그리고 그런 책장에서는 진열한 사람의 생각이 느껴져서 보고 있기만 해도 대단히 즐겁다.

105페이지의 사진을 참조한다. 이것이 정말로 '재미있다'고 생각되는 책으로만 구성한 책장이다. 다만 서점원이라고 해도 모든 책을 읽는 것은 아니기 때문에 읽은 책이라면 내용을, 읽지 않은 책이라면 저자, 출판사, 장정을 진열에 참고한다. 읽지 않아도 장정을 보고 내용을 대강 짐작할 수 있기도 하고, 다른 서점의 진열 방식을 참고하다가 '이런 책이 있었구나' 했던 것을 갖추는 경우도 있다고 한다.

다이칸야마 쓰타야 서점의 '여행' 코너는 가이드북이 메인이 아니다. 휴대하기 편한 문고본과 그 나라에 관련된 에세이 등이 중심 상품이다. 그리고 서점원이 깊이 생각해서 선별한 몇 권은 그 코너에서 품절되지 않도록 반드시 채워 둔다고 한다. 책장을 서점원 개인의 감성으로 디자인하는 것이다.

다음 페이지의 사진에서 간격과 불규칙이 주는 활력도 참고하길 바란다. 이외에도 재미있는 서점과 도서관이 많은데 뒤에 있는 칼럼155~167페이지에서 소개하기로 한다.

다이칸야마 쓰타야 서점의 책장

책 윗부분은 충분한 공간을 확보하고 있다. 이 덕분에 압박감이 없고 책을 꺼내기도 편하다.

공간이 있으면 여기에 어떤 새로운 책을 꽂을지 생각하는 즐거움이 생긴다.

표지 디자인이 보이도록 전면으로 진열하면 그 책장의 테마가 확실하게 보인다.

책장 정리는

과거의 나와 대화하는 것

다이칸야마 쓰타야 서점의 서점원이 이렇게 이야기했다. 서점원과 손님 사이에 책을 통한 대화가 있다는 것이다.

서점원은 테마와 자신의 감성에 따라 A라는 책 옆에 B라는 책을 꽂고, 그리고 C라는 책을 놓는다.

그러면 그것을 의도적으로 다시 배열하는 손님이 있다. 꺼낸 책을 다시 꽂을 때 자리를 착각한 것이 아니라 분명 그렇게 바꾸고 싶어서 다르게 꽂았다는 것을 서점원은 안다고 한다. 원래 책장을 매일 체크하기 때문에 변화가 있으면 바로 알아차린다.

그리고 의도적으로 책이 다시 배열된 선반을 보면 '이 사람과는 무조건 취향이 맞겠다' 혹은 '이 사람과는 취향이 영 안 맞을 것 같다'를 직감한다고 한다. 서점원은 그것을 대화로 받아들이고 있었다.

이 이야기를 듣고 상당히 흥미를 느꼈다. 이거라면 우리 집 책장에서도 가능하겠다고 생각했다. 책장을 통한 대화. 물론 대화 상대는 서점원이 아니라 과거의 나 자신이다. 책을 왜 그렇게 꽂았는지 생각해 보면 그때 내가 무엇에 흥미를 느끼고 있었고 어떤 것을 알고 싶어 했는지 알 수 있다.

과거에 내가 꽂아 놓은 책장을 보고 어떤 느낌이 드는지 생각하면서 현재의 감각으로 다시 배열해 본다. 바로 이렇게 과거의 나 자신과 대화하는 것이다.

과거에 내가 꽂아 놓은 책장을 보고
어떤 느낌이 드는지 생각하면서
현재의 감각으로 다시 배열해 본다.
바로 이렇게 과거의 나 자신과 대화하는 것이다.

장식
효과도 있는
'전면 진열'

'전면 진열'이라는 서점 용어가 있다. 책은 대부분 책등이 가지런히 보이게 책장에 꽂혀 있지만 전면 진열은 표지를 보여 주는 진열 방식이다. 특히 알리고 싶은 책이나 눈길을 끄는 책을 자주 전면으로 진열한다74페이지 일러스트 참조.

지금까지 책장은 전체 80퍼센트 정도만 채우는 것이 바람직하다고 했는데 이 전면 진열은 80퍼센트를 유지하는 데 도움이 된다. 책장을 멋지게 보이게 하는 장점도 있다.

다이칸야마 쓰타야 서점에는 '안진Anjin'이라는 라운지가 있다. 여기에 있는 책장은 서점이나 도서관 책장과는 다른 분위기다.

첫인상은 집 같다. 몇 시간이든 편안히 있을 수 있다. 주위는 둥그렇게 책장으로 둘러싸여 있지만 압박감이 없다. 참으로 이상적인 서재다. 또 많은 양의 잡지만, 그것도 1960년대부터 1990년대에 발행된 희소성 높은 잡지로 진열해 예술성도 확보했다. 이곳의 전면 진열이 참고가 될 것이다.

Anjin의 전면 진열 비율은 책장 전체의 12퍼센트 정도라고 한다. 앞에서 소개한 이케아 책장이라면 칸이 여덟 개 있는 책장에 한두 칸 비율이다.

그리고 Anjin에서 책장의 용량 대비 실제로 진열된 잡지가 차지하는 비율은 70퍼센트 정도. 나머지 30퍼센트는 비어 있는 공간이다. 담당자의 이야기를 들어 보니 용량으로 역산하면 3년 동안 3만 권의 잡지를 모았지만 실제로 진열한 것은 2만 권이다. 70퍼센트로 줄인 이유는 빽빽하게 꽂으면 압박감이 있어서 편안한 마음이 들지 않기 때문이라고 한다.

이 책에서는 전체의 80퍼센트로 책을 꽂을 것을 추천해 왔다. 10퍼센트 차이는 있지만 가정에 있는 책장은 Anjin만큼 크지 않고 책장을 두는 공간 자체도 넓지 않기 때문에 80퍼센트 정도가 적당하다.

Anjin에서 전면 진열하는 잡지는 관련 분야 중에서 외관이 제일 멋진 것을 선택한다고 한다. 그 분야에서 가장 두드러지게 시각에 호소하는 한 권을 눈에 띄게 해 내방객의 시선을 모으는 것이다.

한편 가정에 있는 책장에서 전면 진열의 임무를 맡는 한 권은 내용도 고려해서 골라야 한다. 물론 표지까지 멋있으면 더할 나위 없지만 집에 온 손님이 전면 진열된 책을 보게 됐을 때 그 책을 소재로 시작한 대화가 활기를 띠지 못한다면 의미가 없다. Anjin은 말없이 호소하기 때문에 시각에 집중하는 것이며 가정에 있는 책장과는 조금 의미가 다르다.

선택할 책은 그 칸에서 가장 새로운, 현재 내게 가장 놀라움을 준 책이다. 과장해서 말하면 이 책을 만난 것은 행운이었다고 감동한 책만 특별히 다루는 것이다.

지금 전면 진열하고 있는 책은 새롭게 전면으로 진열하고 싶은 책이 나오면 다른 책과 마찬가지로 책등이 보이도록 책장에 꽂는다.

Anjin의 전면 진열

책장에 책 이외의 소품을 놓으려면 그 코너의 테마와 관련 깊은 것부터 선택하면 좋다.

표지를 보여 주는 전면 진열을 할 때는 책 외관이 마음에 드는 것으로 고른다.

한 주에 한 번,

지식을 키우는
정리 시간

〈메인 책장〉에 변화가 잦다는 것은 그만큼 '소장할 가치가 있는' 책을 적잖이 읽고 있다는 뜻이다. 이렇게 〈메인 책장〉이 변화하면 할수록 나의 지성은 성장해 간다.

그러므로 스포츠팀 감독처럼 이 책장에 무엇을 들여놓고 무엇을 방출할 것인지 지휘하면서 끊임없이 점검하고 정리해야 한다.

다만 스포츠팀 감독이야 그게 업무지만 우리는 대부분 다른 할 일이 있다. 온종일 책장 생각만 할 수는 없다. 따라서 정기적으로 책장을 순환시킬 시간이 필요하다.

〈신선한 책장〉에서 다 읽은, 혹은 덜 읽었지만 치워 두기로 결정한 책을 바로 〈메인 책장〉으로 옮길 필요는 없다. 〈메인 책장〉으로 이동할 때까지 다 읽은 책이나 아직 손도 안 댄 책 모두 〈신선한 책장〉에 둔다. 거기에 다 읽은 책이 어느 정도 모이면 〈메인 책장〉의 교체에 돌입한다.

교체는 다독파의 경우 주에 한 번은 필요할 것이다. 적게 읽는 사람도 최소한 한 달에 한 번은 〈메인 책장〉 앞에 서서 새로 읽은 책을 추가하거나 새로운 책의 등장으로 자리를 양보할 책을 정리하는 작업을 한다.

다독파가 아니더라도 주에 한 번은 관리하길 바란다. 그리고 일주일이 지나도 교체할 책이 없다면 독서를 게을리했음을 반성해야 한다. 만약 그 주에는 교체할 책이 없더라도 '한 주의 정리 시간'으로 정해 놓은 때에 책장 앞에 서 본다. '이 책은 이제 선발 탈락이군.' 하며 처분할 책을 고르는 것만 해도 다음에 읽을 책을 결정하는 과정에 영향을 줄 것이다.

책장의 책들을 교체하려면 아무래도 〈메인 책장〉을 꼼꼼히 보게 된다. 그러면 일부러 의식하지 않아도 자연히 꽂혀 있는 책에 대해 기억한다. 때로는 손에 들고 훌훌 책장을 넘기며 다시 새로운 발상을 얻기도 한다.

내 경우는 일요일 오후 다섯 시 반쯤부터 이 작업을 시작한다. 이 시간에 하는 이유는 거의 집에 있는 시간이고 쇼텐笑点 : 니혼테레비에서 1966년부터 매주 일요일 저녁 다섯 시 반에서 여섯 시 사이 방송하는 오락 프로그램—옮긴이 주 방송이 시작되기 때문이다. 쇼텐 같은 오락 프로그램은 화면을 보지 않아도 즐길 만해서 흘려들으며 작업할 수 있는 점이 좋다. 그리고 프로그램이 끝날 즈음에는 새 버전 책장이 완성된다. 내 경우는 이 30분간 대략 서른 권 정도 정리한다.

물론 꼭 일요일 오후에 정리해야 하는 것은 아니다. 정리하기 좋은 시간은 사람마다 제각각이다. 정해진 요일에 평상시보다 좀 일찍 일어나서 출근 전 시간을 활용하거나 주말에 잠자리에 들기 전 정리해도 좋다. 가능한 한 언제나 집에 있는 일정한 시간을 정리 시간으로 정해 둔다. 제한 시간을 정해 놓고 라디오를 켜거나 음악을 들으면서 정리 시간을 가진다.

이 정리 시간은 책장의 신진대사를 높이는 데 가장 중요하다.

주에 한 번 30분 만이라도 정리 시간을 가지면 책장은 단순히 책을 꽂는 자리가 아닌 외형적인 아름다움도, 외장형 두뇌로서의 기능도 확보할 수 있다.

넘치는

책

처분하기

새로 읽은 책을 〈메인 책장〉에 계속 더해가면 머지않아 〈메인 책장〉은 가득 찬다. '책이 더 많아져도 얼마든지 관리할 수 있어.' 혹시 이렇게 생각했다면 책장을 추가하는 것도 하나의 방법이다. 책장이 늘면 칸이 늘어난다. 그러면 자신이 흥미 있는 칸을 늘려도 좋고 새로운 분야를 더하는 것도 좋다. 건축, 심리학, 서브컬처 등 지금까지 없었던 칸을 가지면서 책장 주인의 세계는 확장돼 간다.

그러나 책장을 아무리 늘려도 공간에 한계가 있다는 사실은 변함없다. 따라서 책장에 들어가지 않는 책은 과감히 처분할 수밖에 없다. 여러 번 강조하지만 책장은 신진대사가 원활하지 않으면 의미가 없다. 그러나 책을 버리기는 어렵다. 특히 이 〈메인 책장〉에 있는 책은 〈신선한 책장〉에서 선발된 책이기 때문에 버리기가 더 어렵다. 조금 시간을 갖고 고민하고 싶다. 이럴 때 왼쪽 제일 아래에 있는 '앞으로 처분할 책' 칸이 활약한다.

먼저 〈메인 책장〉에 넣지 않기로 한 책은 일단 그 칸에 둔다. 이 칸은 수납 효율을 최우선으로 한다. 위에까지 쌓아서 꽉꽉 채워도 좋다. 칸이 가득 차면 모인 책을 어떻게 할지 결정한다.

여기에 모인 책은 한 번은 〈메인 책장〉에 있던 책인 만큼 재미있고 유용하다. 다만 더 재미있고 유용한 책이 등장했기 때문에 자리를 잃었을 뿐이다. 그러므로 패자부활도 가능하다. 내 경우 30퍼센트 정도는 부활한다. 이 칸에 넣으며 다시 생각할 시간이 주어지는 것이다.

버리기로 결정한 책은 〈신선한 책장〉에는 들어갔지만 〈메인 책장〉에는 다다르지 못한 책과 마찬가지로 처분한다.

(3) 타워 책장

〈타워 책장〉은 직업상 글을 쓰거나 아이디어가 필요한 사람에게 가장 쓰기 편한 책장 형태다.

타워는 일하는 곳에서 손을 뻗어 닿는 범위 내에 설치한다. 여기에 둘 것은 사전이나 백과사전, 연표, 지도, 도감 등 자주 사용하는 자료다. 무엇보다도 '격언집', '명언집'을 두라고 추천하고 싶다. 이유는 뒤에서 다룬다.

이런 책은 서평이나 블로그, 메일을 쓸 때 '어, 뭐였더라?' 하고 헷갈리면 손을 뻗게 되는 자료적 가치가 높은 책이다. 혹은 책을 읽거나 텔레비전을 보다가 의문이 생기면 찾아보고 싶은 책이다. 궁금한 게 있으면 인터넷에서 검색하는 것도 나쁘지 않지만 인터넷으로 알 수 있는 정보는 한정돼 있다. 예를 들면 최신 게임에 관한 정보는 넘치지만 과거의 벚꽃 개화일이나 단풍 절정기 같은 정보는 IT와는 거리가 멀 뿐 아니라 핀포인트를 찾기 어렵다. 게다가 인터넷에는 잘못된 정보도 많다. 반면에 책은 편집자나 교열자라는 전문가의 눈을 거쳐서 세상에 나오기 때문에 비교적 오류가 적다.

〈타워 책장〉은 한마디로 '냉장고'다. 근처 편의점에 뭐든지 다 있다고 해서 냉장고에 아무것도 들어 있지 않은 집은 없다. 늘 쓰는 것은 주방에 미리 챙겨 둔다. 일단 편의점에 가면 뭐든지 있다는 것부터 착각이다. 편의점은 분명 이것저것 갖추고 있다. 그러나 편의점에서 절대로 살 수 없는 것도 있다. 인터넷에서 조사한 것으로만 글을 쓰는 것은 편의점에서 파는 간단한 식재료만으로 음식을 만드는 것과 같다. 인터넷 조사만으로 대단한 지식은 나오지 않는다. 제대로 된 자료를 참조하는 것은 일의 깊이로도 이어진다.

또 '몰랐던 것을 알게 되는' 것도 이 타워에서 시작된다.

예를 들면 유전油田에서 사용하는 굴착 장비 리그rig를 '크리스마스트리'라고도 부른다는 사실. 어릴 때 나는 《세계대백과사전》을 처음부터 순서대로 읽는 것이 잠들기 전의 즐거움이었다. 그 책 크리스마스트리 항목에 일반적인 크리스마스트리가 아닌 굴착 장비에 대한 내용도 실려 있어서 깜짝 놀랐던 기억이 지금까지 남아 있다. '세상엔 이런 크리스마스트리도 있구나!' 하며 그야말로 몰랐던 사실을 알게 됐다.

당연한 말이지만 인터넷에서는 아예 모르면 검색할 수가 없다. 그런 '모르는 것'을 줄여 가는 일이야말로 도감과 사전을 들여다보는 기쁨이다.

〈타워 책장〉의 형태는 다음 페이지를 참고하길 바란다.

추천하는 타워 책장의 예

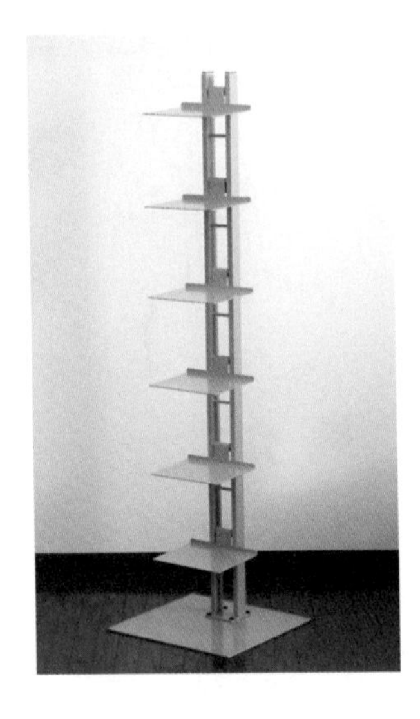

바닥과 접하는 부분의 면적이 넓으면 안정감이 있다. 무거운 사전류를 쌓아 두는 데 적합하다. 선반이 분리돼서 단의 높이와 선반 수를 변경할 수 있으면 편리하다.

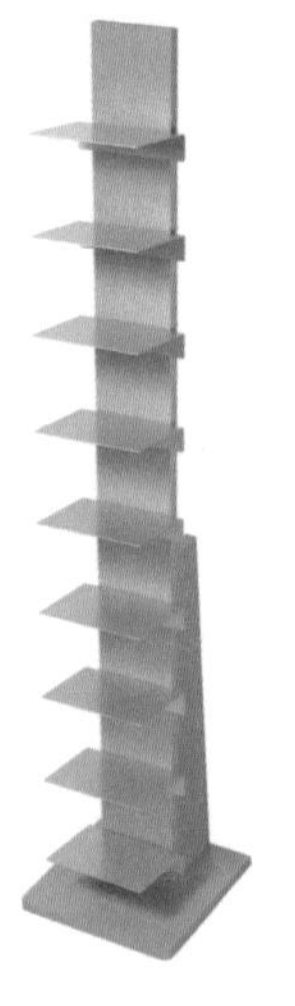

선반이 많은 타입은 쌓아 둔 책을 꺼내기 쉽고 사용하기 편하다. 안정감이 있는지 꼭 확인한다.

나루케의 타워 책장

사전뿐만 아니라 사전 대용으로 사용하는 책도 같이 쌓아 둔다. 명언집도 읽을 수 있어서 즐거움을 준다.

일의 효율을 높이는

〈타워 책장〉

〈타워 책장〉에 두는 책은 다른 책과는 별도로 취급해야 한다. 일단 샀다고 해서 전부 읽을 필요는 없으며 〈메인 책장〉에 꽂을 필요도 없다. 두뇌를 보충하는 역할의, 말하자면 외장형 USB 메모리라고 생각하면 된다. 무엇보다 쉽게 손을 뻗을 수 있는 곳에 두는 게 중요하다.

〈타워 책장〉에 넣을 책은 사전, 백과사전, 자주 읽는 자료, 명언집 등이다. 여기에 두는 것도 자주 사용하는 책이 좋다. 예를 들어 평상시에 일반적인 영어사전을 사용하지 않는다면 두지 않아도 된다. 어쩌면 그림으로 영어 단어를 찾을 수 있는 《옥스

퍼드 그림사전》 같은 것이 쓰기 편할지도 모른다. 블로그를 하는 사람이라면 바른 표기를 위해 사전을 평소 가까이하는 게 도움이 될 것이다.

최근 내 눈길을 끄는 것은 일본에서 현재 사용하는 현대어를 고어로 바꿀 때 사용하는《현고사전》이다. 현대어로 고어를 찾을 수 있는 책은 이 책이 유일하며 물론 인터넷에도 이런 사이트는 없다. 비슷한 이유로《성 만들기 도감》도 타워에 추가하면 좋다. '성을 만들고 싶다'는 저자의 마음이 오롯이 잘 나타나 있고 세상 어디에도 없는 정보가 담겨 있어서 사전같이 활용할 수 있는 책이다.

사전과 백과사전이 아니라도 사전처럼 활용할 수 있는 책은 이 책장에 둔다. 내 〈타워 책장〉에는 명언집, 격언집, 지도, 연표, 백서류 외에 일반 논픽션도 있다. 현재 지식 상태에 맞게 유동적으로 바꿔 가면 된다.

Book Review

일본인이 영어를 쓰려면 일영사전을 찾고 독일어를 쓸 때 일독사전이 필요하듯이 고어를 쓰고 싶으면 이 《현고사전》을 찾으면 된다. 고어사전의 역발상이다. 다만 일본인 대부분의 경우 고어를 쓸 필요가 없으므로 이 책은 읽으면서 고어를 즐기기 위한 사전이다.

후루하시 노부요시 · 스즈키 다이 · 이시이 히사추, 《현대어로 고어를 찾는 현고사전現代語から古語を引く 現古辞典》, 가와데쇼보신샤.

Book Review

이 책을 읽고 정말로 성을 쌓겠다는 사람은 없을 것이다. 이제 성 만드는 전문가도 찾기 어렵다. 그런데도 성을 쌓아 올리는 마음이 넘쳐흐르는 책이다. 목차도 '성터를 정한다'부터 시작해서 '천수각을 쌓는다', '성문을 만든다' 등 모두 동사로 표현해 활력이 느껴진다. 저자의 진심이 전해지는 정열 넘치는 성 만들기 안내서다.

미우라 마사유키, 《성 만들기 도감城のつくり方図典》, 쇼가쿠칸.

〈타워 책장〉의 필수 아이템, 명언집

〈타워 책장〉에는 명언집, 격언집도 반드시 넣는다. 왜냐하면 이런 책은 소재로 사용할 수 있기 때문이다. 물론 결혼식 인사말처럼 그대로 쓰지는 않는다.

예를 들면 이탈리아의 유명 축구 선수였던 로베르토 바조의 말이 있다. "페널티킥에 실패할 수 있는 사람은 페널티킥 찰 용기를 가진 자뿐이다."

이 말에서 힌트를 얻는 것이다. 이를테면 "서툰 서평을 쓸 수 있는 사람은 서평 쓸 용기를 가진 사람뿐이다.", "재미없는 책 때문에 손해 봤다고 생각할 수 있는 사람은 책 읽을 호기심을 가진 사람뿐이다." 등 다른 표현이 탄생한다. 이렇게 명언은 글을 쓸 때 세상을 보는 관점에 하나의 힌트가 된다.

명언집에는 '아, 그렇구나!' 하고 수긍되는 말이 많다. 아무 바탕 없이 새로운 말을 만들어 내기는 어렵다. 하지만 명언은 마음속 무언가를 자극해서 새로운 표현을 만들게끔 한다.

마치 내 마음속 서랍에 잠들어 있던 생각을 잇달아 꺼내 보는 브레인스토밍과 비슷하다. 글 쓰는 사람이 아니더라도 다른 시각으로 보고 싶거나 끊임없이 새로운 발상을 끌어내야 하는 일이 있으면 요긴하게 쓸 수 있을 것이다.

(4) 특별한 책장 〈지성의 전당〉

지금까지 세 개의 책장 만들기에 대해 모두 설명했다. 그런데 사실, 중요한 책장이 하나 더 있다. 이 번외 책장은 어떤 책장일까?

지금까지의 방법대로 하다 보면, 절대로 버리고 싶지 않지만 〈메인 책장〉에 들어가지 못하는 책이 나온다. 인생에 영향을 미친 책, 용기를 준 책, 마음을 치유해 준 책 등이 그렇다. 이처럼 도저히 버릴 수 없는 책은 특별한 책장에 모신다. 이쯤 되면 책장이라기보다 〈지성의 전당〉이라고 부를 만하다.

그래서 집안에는 앞의 책장 세 개 외에 애독서를 진열할 공간이 또 필요하다. 현관 옆이나 복도 끝, 〈메인 책장〉 위, 혹은 트레이 등에 자리를 확보하면 된다. 작은 공간에 책이 쓰러지지 않게 받치는 깔끔한 북엔드를 놓으면 거기가 〈지성의 전당〉이다. 주의할 점은 단 하나, 공간을 너무 많이 차지하지 않는 것이다. 좋아하는 것일수록 기준에 따라 다루지 않으면 관리가 어려워진다. 많아도 서른 권 정도가 적당하다.

덧붙여서 현재 나의 〈지성의 전당〉 후보에는 다음과 같은 책이 있다.

〈지성의 전당〉 후보

* D. T. 맥스, 《살인단백질 이야기 : 식인풍습과 광우병, 영원히 잠들지 못하는 저주받은 가족》, 기노쿠니야쇼텐.
* 리처드 필립 파인만, 《파인만 씨, 농담도 잘하시네!》, 이와나미겐다이분코.
* 오코우치 나오히코, 《얼음의 나이 : 자연의 온도계에서 찾아낸 기후 변화의 메커니즘》, 이와나미쇼텐.
* 마크 레빈슨, 《더 박스》, 닛케이BP샤.
* 가시마 시게루, 《마차가 필요해!》, 하쿠스이샤.
* 월트 피터먼, 《노아의 홍수》, 슈에이샤.

* 프랑크 디쾨터, 《마오쩌둥의 대기근》, 소시샤.
* 고바야시 린, 《책가방 멘 시인의 5·7·5》, 부크맨샤.
* 구메 구니타케, 《특명전권대사 미구회람실기 1~5》, 이와나미쇼텐.
* 이케가미 아키라, 《모르면 부끄러운 세계의 중대 문제 1~5》, 가도카와SSC신쇼.
* 시마다 구니히코, 《교섭 프로페셔널 국제 중재의 아수라장에서》, NHK출판신서.
* 고미야 가즈요시, 《닛케이신문의 숫자를 알게 되는 책》, 닛케이BP사.
* 후지이 겐키, 《지하자금 조세피난처로 본 세계경제입문》, 겐토샤신서.
* 사토 겐타로, 《탄소 문명》, 신초센쇼.
* 와타나베 쿄지, 《흘러간 시절의 모습》, 헤이본샤 라이브러리.
* 야기누마 시게타케, 《그리스 로마 명언집》, 이와나미문고.
* DK&닛토쇼인혼샤 편집부, 《세계만물 그림사전》, 닛토쇼인혼샤.
* 고데라 쓰카사, 《'고흐의 꿈' 미술관》, 쇼가쿠칸.
* 가와카미 가즈토, 《조류학자 무모하게도 공룡을 말하다》, 기쥬쓰효론샤.

Book Review

대중 과학 서적 중 으뜸이라고 생각한다. 카니발리즘cannibalism, 즉 식인풍습이 금지돼야 할 과학적 근거를 잘 알게 된다. 이 책에서 다루는 광우병도 인간이 저지른 소끼리의 강제적인 카니발리즘 때문에 생긴 결과다. 첫머리의 으스스한 에피소드부터 시작해서 단숨에 읽을 수 있는 과학 서적이다.

다니엘 T. 맥스, 강병철 옮김, 《살인단백질 이야기 : 식인풍습과 광우병, 영원히 잠들지 못하는 저주받은 가족》, 김영사.

Book Review

책 뒤의 인명 색인에서 소개하는 과학자는 65명. 주석만 해도 11페이지, 도판 출전이 따로 9페이지이고 전체 분량이 411페이지에 달한다. 손꼽힐 만한 최고의 과학 서적이다. 이 책은 오랜 기후 변동의 메커니즘과 그것을 밝힌 과학자들의 이야기다. 다른 나라에서도 잘 팔리겠다 싶게 보편적인 기후 변화의 원리와 본질을 다룬다.

오코우치 나오히코, 윤혜원 옮김, 《얼음의 나이 : 자연의 온도계에서 찾아낸 기후 변화의 메커니즘》, 계단.

Book Review

발자크, 플로베르, 위고, 스탕달 등이 쓴 19세기 프랑스 소설에서 풍속을 그린 부분을 선별, 그 시대 파리 거리에 대한 상세한 묘사와 당시의 금전 감각 등을 정리한 책이다. 이 책의 매력은 뭐니 뭐니 해도 순수하게 책 읽기를 즐길 수 있다는 점이다. 엄선된 도판 역시 매력적이다.

가시마 시게루, 《마차가 필요해!馬車が買いたい!》, 하쿠스이샤.

Book Review

두 명의 저자는 컬럼비아 대학 해양지질학 교수다. 기원전 5600년을 전후해서 노아의 홍수가 실제로 일어났다는 가설을 담았다. 흑해에서 도망친 사람들의 그 후에 대해서도 언급하는데 이동했던 모든 지역에서 홍수 전설이 있다. 고대 문명이 동시에 발생한 이유가 어쩌면 여기에 있는지도 모른다.

윌리엄 라이언 & 월트 피터먼, 가와카미 신이치 옮김, 《노아의 홍수ノアの洪水》, 슈에이샤.

Book Review

이 책은 중국인들에게 평판이 나쁘다. 해설을 쓴 도리이 다미鳥居民 씨에 의하면 시진핑이 2010년 7월 당사공작회의에서 중국공산당의 역사를 왜곡, 비방해서는 안 된다고 말했다고 한다. 마오쩌둥에 의해 수천만 명의 중국인이 죽임을 당했다. 이 책은 알려지지 않은 중국공산당의 뒷이야기다.

프랑크 디쾨터, 나카가와 하루코 옮김, 《마오쩌둥의 대기근 : 역사상 가장 비참하고 파괴적인 인재 1958~1962毛沢東の大飢饉—史上最も悲惨で破壊的な人災 1958~1962》, 소시샤.

Book Review

학교에 가지 않는 11세 소년이 살아가는 희망은 하이쿠를 읊는 것. 이 책은 집단 따돌림을 당하던 아이가 쓴 하이쿠5 · 7 · 5의 3구 17자로 구성된 일본 전통의 단시—옮긴이 주 시집이다. 아이의 하이쿠는 아사히신문의 하이쿠란인 아사히 하이단朝日俳壇에도 여러 번 뽑힌 뛰어난 작품이다. 재능이란 무엇인가, 교육이란 무엇인가를 생각하게 하는 한 권이다.

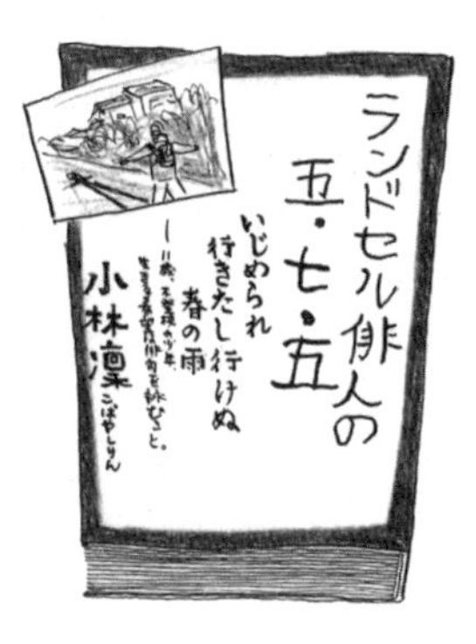

고바야시 린, 《책가방 멘 시인의 5·7·5 ランドセル俳人の五・七・五》, 부크맨샤.

Book Review

편저자인 구메 구니타케 씨가 1871년부터 1년 10개월에 걸쳐 이와쿠라岩倉 사절단으로 서양을 순방하고 귀국한 후 정리한 여행기의 현대어 역이다. 전 5권의 방대한 저서지만 뛰어난 지성이 지루함을 잊게 한다. 메이지유신이 성공한 것은 근대화를 향한 강한 의지가 아니라 호기심 덕분이었는지도 모른다.

구메 구니타케, 정애영 옮김, 《특명전권대사 미구회람실기 1~5特命全権大使米欧回覧実記全 5 券》, 소명출판.

Book Review

일본 민족지의 금자탑. 19세기 말에 일본을 방문한 외국인의 기록을 수집해서 항목별로 정리한 것이다. 그러므로 현대 일본인의 에도를 향한 동경 등이 들어갈 여지 없이 자연스럽고 담담하게 사실을 기록해 놓은 좋은 책이다.

와타나베 쿄지, 《흘러간 시절의 모습逝きし世の面影》, 헤이본샤 라이브러리.

Book Review

이 책은 천문학부터 인간, 예술, 스포츠에 이르기까지의 다양한 내용을 1,000여 쪽에 걸쳐 전부 컬러 그림으로 해설한다. 본문 속의 32,000단어는 책 뒤에 있는 색인으로 검색도 가능하다. 평소 접하기 힘들었던 단어부터 어린이 도감에 실려 있는 꽃잎·수술·꽃받침 같은 단어까지 그야말로 삼라만상이 들어 있다.

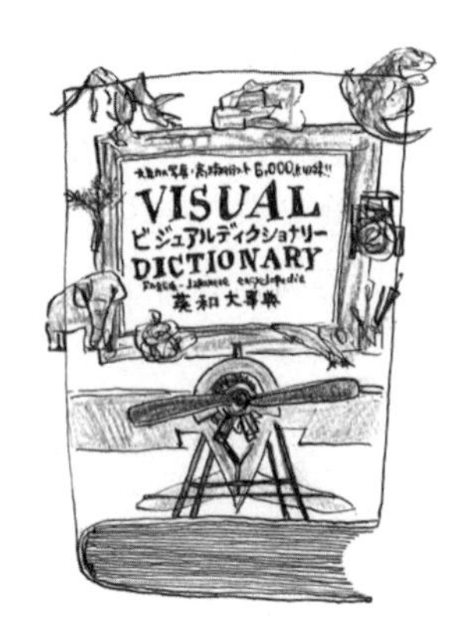

궁리출판편집부, 《세계만물 그림사전》, 궁리.

Book Review

이 책은 제목 그대로 무모하게도 조류학자가 공룡을 이야기한 책이다. 너무나도 잘 만든 책이라 뭐라고 설명하기가 어렵다. 본격 과학 서적이면서 참으려 해도 한 페이지에 한 번은 폭소가 터진다. 저자는 그런 기세로 268페이지를 달려나간다. 일러스트와 책 디자인도 훌륭하다.

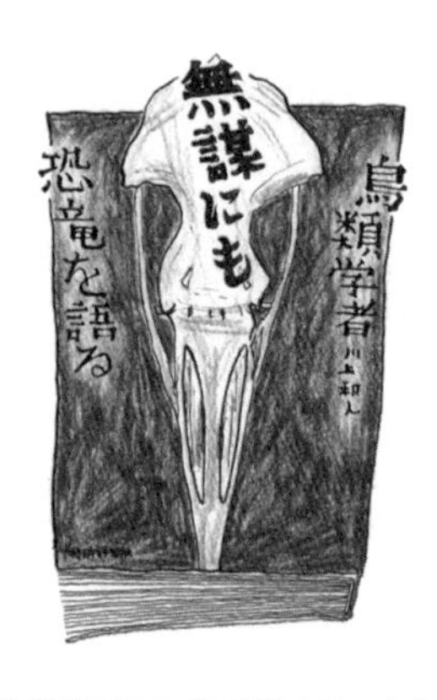

가와카미 가즈토, 《조류학자 무모하게도 공룡을 말하다鳥類学者 無謀にも恐竜を語る》, 기쥬쓰효론샤.

회사 책장에 꼭 갖춰야 할 책

만약 회사 책상에 책을 놓을 수 있다면 꼭 마련했으면 하는 책장이 있다. 기본적으로는 〈타워 책장〉이라는 생각을 이어간다. 다만 실제로 타워형 책장을 둘 수는 없으니 책상 위에 놓는다.

책상에 놓을 책은 업무상 필요한 사전이나 도판류다. 예를 들어 나라면 세계 지진 분포도 등이 실린 《이과연표理科年表》를 빠뜨릴 수 없다. 또 도쿄 전도도 있다. 자신의 업종에 따라 실용적인 사전류를 고른다.

직업과 관계없이 어떤 업종이든지 필수적으로 책장에 갖춰 둘 책도 있다. 회계나 부기 기본서다. 업무 대부분은 회사와 회사 사이에서 이뤄진다. 일을 잘 진행하려면 상대 회사의 데이터를 분석해 잘 알아야 한다. 그래서 회계나 부기 지식은 필수다. 데이터를 이해하지 못하면 숫자에 속아서 난처한 상황에 빠질 수도 있다.

이런 지식은 일을 떠나서도 유용하다. 앞으로는 개인종합자산관리계좌Individual Savings Account, ISA처럼 개인 투자를 지원하는 제도가 충실해질 것이다. 업무적으로는 경제와 무관한 일을 하더라도 인생이 경제와 무관할 수 없으므로 최신 경제 동향에는 계속 관심을 가져야 한다. 이 방면의 지식은 갑자기 어려운 책을 여러 권 읽기보다 노하우가 담긴 초보자용 입문서를 꼼꼼히 읽고 기초를 익히는 것이 빠르다.《20대부터 알아 두는 경리 교과서—3년 후에는 틀림없이 차이가 난다20代から知っておきたい経理の教科書—3年後に必ず差が出る》같은 책도 좋겠다.

이 밖에도 자신의 업무와 직접 관련은 없어도 '일'에 대한 양서를 읽는 것은 업무의 폭을 넓히는 데 도움이 된다.

《일류 형사가 되시게》는 전 경시청 수사 제1과장이 후배를 위해 쓴 책이다. 법을 지킨다는 것의 의미와 형사의 마음가짐 등, 형사라는 또 다른 세계를 살짝 엿볼 수 있다.《더 박스》는 세계 무역이 한순간에 확대된 이유가 컨테이너의 표준화 때문이었다는 사실을 엮은 논픽션이다. 언뜻 보기에 대단치 않은 존재인 컨테이너가 물류 세계를 완전히 바꾸다시피 한 것은 다가올 미래를 생각해도 충분히 짐작할 수 있다. 진지하게 일에 몰두하는 사람일수록 회사 책장에 한 권 꽂아 두길 바란다.

Book Review

전 경시청 수사 제1과장이 제목 그대로 후배 형사들을 위해 쓴 책이다. 실제 수사한 사건을 토대로 형사의 마음가짐, 생명의 존귀함, 수사 기법, 법 지키기 등 재미있게 읽을 수 있는 안내서로 꼼꼼하게 구성돼 있다. 현역 형사에게도 유용한 정보가 가득하다.

구보 마사유키, 《일류 형사가 되시게君は一流の刑事になれ》, 도쿄호레이출판.

Book Review

강력히 추천하는 비즈니스 논픽션이다. 해운용 컨테이너의 표준화가 어떻게 이뤄졌는지에 대한 책이다. 성공 과정도 재미있지만 그 이상으로 컨테이너가 갖는 의미를 생각하게 한다. 컨테이너의 표준화가 있었기 때문에 세계 무역은 빠르게 확대됐다.

마크 레빈슨, 김동미 옮김, 《더 박스 : 컨테이너 역사를 통해 본 세계경제학》, 21세기북스.

상상력을
자극하는
소품 활용

내가 책을 고르는 기준에는 외관이 좋은지도 포함된다. 책도 겉모습은 중요하다. 그 책을 꽂아 두는 책장 또한 겉모습이 중요하다. 내 책장은 언제나 보기 좋게 만들고 싶다. 앞에서 보기 좋은 책장을 위해 전면 진열에 힘을 주라고 권했는데 소품을 활용하는 것도 하나의 방법이다.

활용하기 적당한 소품을 소개한다.

먼저 그 칸에 배정된 분야와 관련 있는 소품이 좋다.

예를 들면 이런 소품이다.

- 과학…… 화석, 작은 선인장 화분, 광석
- 역사…… 해외여행 기념품, 지구본, 사용하지 않는 손목시계
- 경제…… 해외여행 후 남은 동전, 저금통
- 사건·사회…… 낡은 카메라, 만년필 잉크병
- 문화·예술…… 병이나 캔, 미술관에서 산 엽서, 액세서리
- 전통문화…… 도자기, 매듭

소품을 배치할 때는 과하지 않도록 한다. 처음에는 한두 개부터 시작하면 균형을 잡기 쉽다.

어떤 서점원은 디자인이 마음에 들어서 샀는데 크기가 맞지 않는 가죽 구두를 활용했다고 한다. 앞에서 말한 Anjin의 스포츠 잡지 서가에는 오토바이용 헬멧, 음악 잡지 서가에는 악기, 여행 잡지 서가에는 비행기 모형이 장식돼 있었다.

모형을 두는 것은 멋진 아이디어다. 건물이나 동물, 차량 등 평상시는 보이지 않는 부분이 있는 것이 좋다. 예를 들면 뉴욕 엠파이어스테이트빌딩을 위에서 보거나 황제펭귄을 아래에서 볼 기회는 거의 없다. 이들을 모형으로 보는 것은 상상력을 자극한다. 이런 점에서 모형은 일종의 도감인 셈이다.

모형은 축소 또는 확대된 것이 바람직하다. 실제 크기라면 모

형의 의미가 덜하다. 실제 크기와는 달라서 새로운 상상력을 불러일으킨다.

앞에서 과학책 읽기를 권하는 것은 스케일감을 바꿔 줌으로써 새로운 관점을 얻기 때문이라고 했다. 실물 크기가 아닌 모형을 바라보는 것도 새로운 시각에 도움이 될 것이다.

책장을 둘 최적의 장소

〈메인 책장〉은 눈에 잘 들어오는 곳에 둬야 한다고 앞에서 다뤘다.

하지만 그 전에 먼저, 책장을 둬서는 안 되는 곳이 있다. 직사광선이 비치거나 환기가 안 되는 곳이다. 이런 환경에서는 책 상태가 쉽게 나빠진다. 좋은 상태를 유지하기 위한 힌트가 도쿄도립 도서관의 가이드라인으로 공개돼 있으므로 여기서는 그것을 참고로 최상의 책장 상태를 정리한다.

① 온도·습도

책장은 온도나 습도 변화가 적은 곳에 둔다. 온습도의 변화가 크면 결로가 발생하기 쉽고 책에 곰팡이가 생기게 된다. 욕실 근처는 피하는 것이 좋다. 환기가 잘되는 곳을 확보할 필요가 있다.

② 빛

책은 직사광선에 색이 바랜다. 직사광선 중에서도 특히 자외선은 피해야 한다. 햇빛이 많이 비치는 곳보다 약간 어두운 곳이 좋다. 햇빛이 비치는 곳에 둬야 할 경우라면 창문에 자외선을 막는 필름을 붙이는 것이 좋다.

조명도 형광등같이 자외선을 포함한 빛을 내는 것은 피한다. 다이칸야마 쓰타야 서점의 라운지 Anjin에서는 자외선을 방출하지 않는 LED 조명을 서가에 설치해 알맞은 조도를 유지한다. 이렇게까지는 않더라도 빛에는 주의가 필요하다.

③ 먼지

먼지는 곰팡이와 벌레가 생기는 원인이 된다. 기본적으로 책장 청소에 필요한 것은 먼지 대책뿐이다. 책을 정기적으로 교체하면 먼지는 잘 쌓이지 않는다. 서점에서도 대부분 특별히 청소는 하지 않는 것 같다. 청소를 한다면 길쭉한 핸들에 갈아 끼울 수 있는 청소포가 먼지를 흡착하는, 좁은 틈새의 먼지도 깨끗이 닦아 내는 제품을 활용하면 좋겠다.

〈신선한 책장〉은

'집중할 수 있는' 곳에

이상의 조건을 기본으로 책 둘 자리를 생각해 보면 '집중할 수 있는' 곳이 좋겠다. 책장을 일부러 살 것까지는 없다. 책장에 둬야 할 책을 아담한 곳으로 분산해 놓는 것이다.

다이칸야마 쓰타야 서점은 넓은 공간을 적절하게 책장으로 구분, 작은 방처럼 연출해서 편안함을 준다.

사람은 화장실이나 벽장같이 좁은 곳에 있으면 이상하게 편안해진다. 주방에 있는 것이 가장 편한 사람은 주방에, 세탁기가 다 돌아가기를 기다리면서 읽고 싶으면 세탁실에 책을 둔다.

그렇게 내가 좋아하는 장소에 조그만 〈신선한 책장〉을 만드는 것이다.

널찍한 공간보다도 뭔가에 몰두할 수 있는 곳에 책을 두면 그 앞에 머무는 시간도 늘어난다.

관심 없어진 분야는 모아서 판다

전에는 푹 빠져서 읽었지만 최근에는 전혀 읽지 않는 종류의 책이 누구에게나 있을 것이다. 좋아했던 만큼 처분하려면 미련이 남는 게 당연하다. 그러나 그 변화는 자신이 성장한 증거다. 이전에 흥미 있던 분야라고 해서 언제까지나 갖고만 있는 것은 과거의 자신을 고집하는 것과 같다. 처분하자.

또 하나 처분해야 할 분야가 있다. 오래되면 의미가 없는 종류다. 예를 들어 IT계의 마케팅 책은 일정 시간이 지나면 정보로서의 가치가 격감한다. 너무 오래된 책을 계속 옆에 두고 여전히 그 책을 참고하는 일은 위험이 따른다. 변화가 빠른 분야의 책은 일찌감치 치워 버린다.

내 경우는 모아서 처분하기로 정하면 일 년에 서너 번 매입 업자를 집으로 부른다. 처분할 책이 많아서 보통 복도에 쌓아 뒀다가 연락하곤 한다.

지금까지 '책=서적'에 대해서만 이야기했는데 사서 읽는 종이 매체에는 잡지도 있다. 이것도 그냥 두면 쌓이게 된다. 나는 매월 스무 권 정도 잡지를 읽는데 읽고 나서 바로 버린다.

잡지는 텔레비전에 비유하면 뉴스 프로그램이다. 새로운 정보가 실려 있어야 가치가 있다. 새로운 호가 나오자마자 과월호의 가치는 격감한다. 그러므로 처분해도 좋다. 때로는 일반적인 정보가 알차게 정리된 경우도 있지만 그런 내용은 틀림없이 다른 책에도 들어 있다. 보관할 거라면 잡지가 아닌 책으로 한정한다.

이전에 흥미 있던 분야라고 해서
언제까지나 갖고만 있는 것은
과거의 자신을 고집하는 것과 같다. 처분하자.

내 책의 가치를 아는 재미

시간 여유가 있다면 〈메인 책장〉에서 밀려난 책을 팔기 전 인터넷 중고 서점에서 가격을 검색해 본다. 가치 있다고 생각해서 내가 직접 〈메인 책장〉에 꽂았던 책의 시장 가치를 아는 것도 재미있다.

중고가가 신간 가격보다 높다면 당신은 책을 감정하는 능력이 있다.

일본에서는 아마존의 '풀필먼트 바이 아마존fulfillment by Amazon, FBA'이라는 시스템을 이용하면 아마존에 재고를 두고 헌 책을 판매할 수 있다. 이것은 아마존이 판매자의 상품에 대해 보관, 주문 처리, 출하, 배송, 반품 등 고객 지원을 대행하는 서비스다. 편리하기는 하지만 월간 등록료, 계약 수수료가 발생하므로 다 읽은 책을 본격적으로 팔려는 사람에게만 추천한다.

한국에서는 알라딘, Yes24, 교보문고, 인터파크 등의 업체가 인터넷 중고 서점 서비스를 운영하고 있다.

[column] **영감을 주는 책장들**

다양한 책장을 접하는 것은 내 책장을 다른 사람에게 보여주는 것만큼 중요한 일이다. 책을 좋아하는 사람이라면 남들이 많은 책을 어떻게 다루고 있는가에 당연히 흥미가 있다.

다른 사람의 책장을 보다 보면 재미있는 책을 발견하는 계기가 되는 것은 물론 그 책장에 자극을 받아 자신의 책장이 바뀌기도 한다. 다시 말해 인생이 바뀔 가능성이 있는 것이다.

여기에서 나의 흥미를 자극하는 개성 있는 열여섯 개의 책장을 소개한다.

이들 서점이나 도서관에 가게 되면 따로 책을 사거나 빌리지 않아도 좋다. 세상에는 그저 가만히 바라볼 가치가 있는, 테마를 가진 훌륭한 책장도 많다.

이 책에서는 이 책장들이 있는 장소나 볼 수 있는 시간 등을 상세히 다루지 않는다. 최신 정보는 인터넷에서 알아보기를 바란다. 인터넷에서 공개되고 있는 변동 가능성이 큰 정보는 책에 실을 필요가 없다.

【다이칸야마 쓰타야 서점】

도쿄 주택가에 있는 이 서점은 지금까지의 서점이 주는 인상을 크게 바꿨다고 해도 될 것이다. 스타벅스가 입점해 있어서 느긋하게 쉬면서 책을 고를 수 있다. 세 개의 건물로 나뉘어 있으며 전부 둘러보려면 하루를 투자할 각오가 필요하다.

세련된 건물이나 나뭇결이 주는 따뜻한 인테리어로 상당히 주목받고 있는 다이칸야마 쓰타야 서점의 핵심은 '책 찾기'다. 책 선택을 담당하고 있는 콩셰르주concierge는 질문 대부분에 막힘없이 대답하며, 책이 어디에 있는지 파악하기 위한 RFID 태그Radio Frequency IDentification Tag : 바코드의 발전된 형태로 흔히 '전자태그'라고도 하는, 주파수를 이용해 ID를 식별하는 시스템—옮긴이 주를 도입해

다이칸야마 쓰타야 서점 'Anjin'

아래로 빼곡하게 빈틈없이 책을 깔아서 만든 카운터.

느긋하게 책을 볼 수 있는 공간은 나만의 책장을 만들 때 좋은 예가 된다.

서 보고 싶은 책을 바로 찾아낼 수 있다.

책 이외에 CD, DVD, 문구 등도 갖추고 있다.

2호관 2층에 있는 라운지 Anjin에는 과월호 잡지를 진열해 놓았는데 단순히 '과월호 잡지가 진열된다'는 것 이상의 독특한 멋이 있다. 콘셉트는 라이브러리 라운지. 집을 짓는 느낌으로 기획했다고 한다.

【다케오 시립 도서관】

사가 현에 있는 다케오 시립 도서관은 도서관과 서점의 복합 시설이다. 쓰타야를 경영하는 '컬처 컨비니언스 클럽'이 지정 관리를 맡고 있다. 다이칸야마 쓰타야 서점과는 비슷한 듯 다른 공간이다.

넓은 공간을 책장으로 적절히 구분해 놓은 모습은 다이칸야마점과 같다. 거기에다 판매용 책과 대출 도서를 대략 구별하기 위해 서가에 진열된 책 분야를 적은 분류표의 색깔을 다르게 하는 등 다케오 시립 도서관만의 독자적인 고안이 돋보인다. 또 서점에서 판매하는 책은 신간과 잡지가, 도서관 장서에는 오래된 책이 많아서 이렇게 균형을 유지하는 모습이 일반 가정의 책장을 만드는 데 참고가 된다.

높다란 천장에 자연광이 들어오는, 느긋하게 책 읽기 딱 좋은 공간이다.

【게이분샤 이치조지점】

교토에 있는 신간과 고서의 하이브리드 서점이다. 이곳의 책장은 정말 근사하다. 정성 들여 선별했음이 느껴지는 책 제목이 이어진다. 그 옆은 대개 책과 관련된 테마로 잘 갖춰 있다. 변화하는 테마는 아름다운 물결을 보는 듯하다고나 할까. 역시 책은 규칙보다 감성을 우선해서 진열해야 한다는 생각이 들게 한다.

잡화도 판매하고 있으며 서점이라는 틀을 넘은 독특한 공간이다. 책장에 관심이 있다면 교토에 갔을 때 꼭 들러야 하는 곳이다. 아니, 이 서점 때문에 일부러라도 교토에 가야 하겠다.

【B&B】

도쿄의 B&B는 Bed · and · Breakfast가 아니고 Book · and · Beer다. 이것만으로 어떤 서점인지 짐작할 것이다. 넓다고는 할 수 없는 내부지만 정성 들여 고른 책이 진열돼 있다. 신간을 판매하는 서점이지만 서서 읽는 것이 아니라 맥주를 마시면서 앉아서 읽을 수 있다. 가구가 마음에 들면 구매도 가능하다.

이벤트, 세미나, 페어에 적극적이며 언제 가도 다채로운 변화를 보여 준다. 시모키타자와 역 남쪽 출구에 있으며 영업 상황은 매일 블로그에 공지한다.

【덴로인 서점】

도쿄 미나미이케부쿠로에 있는 카페를 겸한 서점이다. 서점 사이트 지도에는 랜드마크로 대형 서점 리브로와 준쿠도가 나와 있어서 이곳이 책을 좋아하는 사람을 위한 서점임을 잘 알 수 있다.

이 서점은 무엇보다 책장 구성이 훌륭하다. '현재와 만나다', '우연과 만나다', '필요와 만나다', '미래와 만나다'라는 각각의 콘셉트로 구성했다. 아무리 봐도 질리지 않는다. 그런가 하면 문고판 명저가 진열된 코너도 있어서 호기심으로 뜨거워진 머리를 식힐 수 있다. 이벤트도 수시로 개최하고 가끔 유명인에게 '1일 점장'을 맡겨 분위기를 바꾸는 것도 흥미롭다.

【모사쿠샤】

도쿄 신주쿠고엔 부근에 있는 아담한 서점이다. 서적이나 잡지의 도매상격인 대리점이 다루지 않는 업계지, 기관지 등이 진열돼 있다. 잠깐 훑어봐도 사상의 경향이 바로 눈에 들어온다. 책장이 개성을 표현한다는 것은 바로 이런 거구나 하고 감탄할 뿐이다. 제작한 책은 정해진 절차에 따라 서점으로 갖고 가면 진열해 준다.

독특한 분위기가 있어서 가게에 들어가는 데는 약간의 용기도 필요하지만 일단 들어서면 구석구석까지 책장을 살펴보고 싶어진다.

【Bookshop TOTO】

'어? 그 비데 만드는?' 하고 생각할 것 같은데, 정말 그렇다. TOTO에는 TOTO 출판 부문이 있어서 건축이나 디자인, 생활 주변의 문화에 관련된 책도 간행하고 있다. TOTO 출판의 직영 서점이 도쿄 노기자카에 있는 Bookshop TOTO다. TOTO 출판 이외의 책과 잡지도 다루고 있다.

나는 건축을 좋아해서 서점에 가면 반드시 관련 책장을 둘러보는데 이곳에 가면 '이런 책도 있었던가?' 하고 새로운 발견을 한다. 병설 도서관에 잡지 과월호를 비치한 점도 마음에 든다.

이곳에서 압도적으로 관심을 끄는 것은 테마별 책장을 만들어 개최하는 페어다. 유명 건축가의 무명 시절을 테마로 한 책장은 전부 읽고 싶어지고 나도 이런 책장을 만들고 싶다는 생각이 든다. 롯폰기에서 걸어갈 수 있는 거리이므로 놀이 삼아 들러 보면 좋다.

【하버드 대학 도서관】

미국 매사추세츠 주에 있는 하버드 대학의 도서관으로 여러 개의 대형 도서관이 있다. 대표적인 것은 사회학 전반을 망라한 '와이드너 도서관Widener Library', 자연과학 도서관인 '캐벗 과학 도서관Cabot Science Library' 정도라 할까? 또 '라몬트 도서관Lamont Library'은 미국 전역에서 최초로 만들어진 대학 도서관이다. 희소본이라면 '호튼 도서관Houghton Library'이 유명하다. 얼마 전 진품으로 판명된 인간의 피부를 장정에 사용한 '인피 장정본'도 이곳 도서관이 소장하고 있다.

그 밖에도 필름 컬렉션이나 지도, 파인아트 전문 도서관Fine Arts Library 등이 있고 계절에 따라서 24시간 개관하는 도서관도 있다. 여행사에서 하버드 대학 도서관 투어를 기획해도 좋지 않을까? 나는 꼭 참가하고 싶다.

【대영 박물관 도서실】

미국에 하버드가 있다면 영국에는 대영 박물관이 있다. 현재는 런던 교외에 있는 신관이 영국 국립 도서관으로서의 기능을 하고 있지만 방문할 곳을 고른다면 단연 대영 박물관 부지 중앙에 자리 잡은 대영 박물관 도서실이다. 우선 건물부터 훌륭하다. 돔 모양의 건물 벽을 따라 책장이 늘어서 있고 중앙에는 테이블과 의자가 놓인 열람 공간으로 구성했다.

유서 깊은 도서실로 마르크스가 여기에서 《자본론》을 집필했다고 알려졌다. 무료로 이용할 수 있으므로 런던에 가면 무조건 들러야 한다.

【식문화 라이브러리】

공익 재단 법인 아지노모토 식문화 센터가 운영하는 곳이다. 1989년부터 음식에 관한 책을 신간, 구간 관계없이 수집해 약 4만 권의 장서를 소장하고 있다. 책을 식재료별로 분류한 책장은 일본에서 거의 유일하지 않을까 싶다. 병설된 식문화 전시실에서도 흥미로운 기획 전시가 자주 개최돼서 그것만 봐도 밑지지 않는다.

이곳은 서점이 아니라 도서관이기 때문에 책을 살 수는 없지만 한번쯤 방문해서 음식 관련 책에 압도되는 경험을 해 볼 만하다. 돌아올 때 틀림없이 서점에 들르고 싶어질 것이다. 도쿄 다카나와에 있으며 오사카 나카노시마에도 분관 역할을 하는 도서관이 있다.

【고호쿠 도서관】

시가 현 나가하마 시에 있는 100년 넘게 이어 온 사립 도서관이다. 1902년에 시가 현 출신 변호사 스기노 후미야杉野文弥가 설립한 '스기노 문고'가 그 시작이다.

건물은 상당히 낡은 편이지만 정말 책이 어울리는 분위기가 감돈다. 책장 구조와 배치는 그리운 초등학교 도서관을 떠오르게 한다. 시간을 내서 가 볼 가치가 있는 도서관이다.

【토목학회 부속 토목 도서관】

토목 도서관은 일본에선 이곳뿐이다. 1만 권 가까운 토목 관련 책을 소장하고 있다. 전문가의 책장이란 이런 거구나 하는 생각이 든다. 자료적 가치가 높은 사진이나 수집해 온 도면들도 있어서 토목에 크게 관심 없는 사람도 흥미롭게 볼 수 있다. 토목학회 회원을 위한 도서관이기 때문에 일반 이용은 유료. 그래도 한 번 정도는 가 보기를 권한다. 위치는 도쿄 요쓰야.

【미술 도서관】

도쿄 현대 미술관에 병설된 도서실이다. 미술 관련 책이 51,000권, 전람회 카탈로그가 65,000권이나 된다. 신문에 게재된 미술 관련 기사도 소장하고 있다.

특별 전시도 시선을 끈다. 미술관에 볼일이 없더라도 이 도서실에는 가고 싶을 텐데 미술관에서 하는 전시도 상당히 흥미로우므로 시간 배분에 고민하게 될 것이다. 고토 구 미요시에 있다.

【아카데미힐즈 회원제 라이브러리】

도쿄 롯폰기힐즈, 아크힐즈, 히라카와초 모리타워에 있는 회원제 라이브러리. 소장 서적은 비즈니스 서적이 다소 많지만 작업 공간이 알차고 입지나 인테리어도 뛰어나며 모이는 사람들도 재미있어서 여러모로 즐길 수 있는 공간이다.

기본적으로 유료 회원만 사용할 수 있지만 무료 견학회도 있고 회원과 함께 게스트 유료 입장도 가능하므로 기회를 만들어서 한번 가 보면 좋을 것이다.

【구旧 에도가와 란포 저택】

도쿄 이케부쿠로의 릿쿄 대학교에 있는 에도가와 란포江戸川乱歩의 저택. 이곳에는 '환영성幻影城'이 있다. 란포가 쓴 해외 소설 평론집과 같은 이름이지만 이곳의 환영성은 란포의 장서가 빼곡히 진열된 서고를 말한다.

아쉽게도 환영성 안에 들어가지는 못하고 외부에서 들여다볼 수밖에 없다. 그러나 진열된 책이 끌어당기는 힘은 굉장해서 몇 시간이라도 그 자리에 서 있을 것 같다.

공개일, 공개 시간이 짧기 때문에 미리 알아보고 가는 것이 좋다.

【후지모토 기이치의 서재】

2012년에 작고한 작가 후지모토 기이치藤本義一 씨의 갤러리가 2014년 효고 현 아시야 시에 문을 열었다. 애장품과 육필 원고 외에 소장 서적이 공개돼 있다. 작가의 책장은 잡지 등에서 특집으로 다루는 경우도 있지만 역시 실제로 그 자리에 서서 바라보고 싶은 법이다.

이 갤러리는 후지모토 기이치 본인이 생전에 구상했다고 한다. 다른 작가들에게도 이런 시도가 활발하게 이어지기를 바란다.

제3장

교양이 깊어지는 책 선택법과 독서법

서점에 자주 가면

독서가 변한다

예전에 함께 일했던 빌 게이츠를 비롯한 우수한 경영자들은 모두 예외 없이 굉장한 양의 책을 읽었다.

그들의 포인트는 '좋은 책'을 '많이' 읽는 것이다.

지루한 책을 무리해서 읽으며 시간을 낭비해서는 안 된다. 책을 많이 읽는 사람은 요령 있게 건너뛰며 읽는다. 그리고 읽으면 읽을수록 시시한 책을 꿰뚫어 보는 안테나의 감도가 높아진다. 자신의 판단력을 믿고 재미없는 책은 읽다가 중단해도 좋다.

지금까지 다양한 분야의 책을 선별해 구성하는 책장 만들기를 설명했다.

그렇게 하다 보면 책을 사는 법과 읽는 법도 자연히 변화하게 된다.

먼저 책 사는 것에 돈을 아껴서는 안 된다. 눈앞의 만 원 이만 원을 아끼려고 지식이라는 헤아릴 수 없는 재산을 얻지 못한 채 인생을 보내는 것은 정말 안타까운 일이다. 멀리 보면 지식과 교양에 욕심이 많아서 책에 투자를 아끼지 않는 사람이 그것을 무기로 계속 돈을 벌어들일 수 있다.

책 읽는 법을 바꾸기 위한 첫걸음은 서점에 자주 가는 것으로 시작된다.

우선 단골 서점을 만든다. 가능하면 두 군데가 바람직하다. 집 근처도 좋고 통근하면서 지나다니는 곳이나 회사 근처도 좋다. 자주 들를 수 있는 곳이 좋다. 두 군데 이상 갈 수 있다면 더더욱 좋다.

그리고 주에 한 번은 서점에 가서 책장의 변화를 눈여겨본다. 그 서점에서 가장 눈에 띄는 평대에는 베스트셀러가 진열돼 있을 것이다. 그것을 대충 살펴본다. 지금 어떤 책이 인기 있는지를 보는 것이다. 베스트셀러를 보면 현재 우리 사회의 유행이 보인다. 다만 인기 있는 책의 경향만 파악하면 충분하므로 거기에서 책을 살 필요는 없다.

단골 서점은 책을 좋아하는 친구처럼 소중한 존재다. 매년 수만 권의 책이 출간된다고 하는데 어디에 어떤 책이 있는지 훤히 아는 서점이 있다면 효율적으로 책을 살펴볼 수 있다. 두 군데면 각 서점마다 서점원에 따라 책장을 디자인하는 모습도 달라서 한쪽으로 치우치지 않고 책을 선택할 수 있다.

좋은 서점을 알아보는 데는 몇 가지 포인트가 있다.

우선 서점원이 의도를 갖고 책을 진열하는 서점은 좋은 서점이다. 책장에서 저자명이나 출판사명 순서가 아닌 어떤 리듬이 느껴진다면 좋은 서점이 틀림없다. 테마나 방향성, 다루고 있는 시대가 이웃한 책들과 서로 잔잔하게 이어져 있음을 느낀다면 당신은 그 서가의 담당자와 서로 잘 맞는다. 그런 서점을 발견한다면 행복한 사람이다.

이 책 옆에 이 책을 놓았구나, 이런 책도 있었구나 생각되면 진열된 대로 두세 권을 사 보면 좋다. 분명 서점원도 자신의 의도를 이해한 손님이 사 갔다고 알 것이다. 그렇게 책을 통해서 대화할 수 있으면 최고 수준이다.

나와 잘 맞는 책장이 있다는 것은 서점에 가는 가장 큰 즐거움이다. 서점에 가서 모르던 새 책을 많이 접하고 서점원이 무언중에 추천하는 책을 읽으며 시야를 넓혀 간다.

책 선택이 개성적인 서점을 둘러보는 것도 흥미롭다. 신간뿐만 아니라 구간도 새롭게 발견할 수 있다. 책 진열법과 인테리어, 조명 등에 참고가 되는 경우도 많다.

남과 다른

대형 서점 공략법

한 달에 한 번은 대형 서점에 가 본다. 여기서 대형 서점은 여러 층으로 나뉘어 있는 큰 서점을 말한다. 대형 서점에 갈 때는 일 보러 나간 김에 들르는 것이 아니라 책을 사는 목적으로만 외출한다.

이때는 옷차림도 신경을 쓴다. 신발은 바닥에 적당히 두께가 있는 부드러운 신발, 가방은 무거운 짐을 견딜 수 있는 배낭이 가장 좋다. 서점에서 산 책은 봉투에 넣어 주지만 무거운 책을 넣고 오래 들고 있으면 팔이 아파지므로 가방은 꼭 필요하다. 책 도둑으로 오해받지 않도록 입구가 여며지지 않는 손가방은 피한다. 우산은 서점 탐방에 방해되므로 비 오는 날의 서점 나들이는 추천하지 않는다.

대형 서점에도 공략법이 있다. 평범한 사람으로 남지 않으려면 남들과 똑같이 서점을 살펴봐서는 안 된다. 지금부터 내가 '대장 내시경 검사 걷기법'이라고 이름 붙인 서점 공략법을 소개하겠다. 검사를 받은 경험이 있다면 쉽게 이해할 수 있다. 내시경은 먼저 가장 깊이 넣은 다음 빼내면서 장 속을 체크한다. 그와 마찬가지로 서점에서도 우선 입구에서 가장 먼 곳까지 간다.

대형 서점에 도착하면 우선 제일 위층까지 올라가서 가장 안쪽으로 간다. 이곳은 어느 서점에서나 전문 서적이 자리한다.

마루젠 마루노우치 본점을 예로 들면 의학 코너로 꾸며져 있다. 그 맞은편은 과학 코너다. 이쯤에서 나와 관계없는 곳이라고 생각하지 말고 멈춰서 읽어 본다.

어떤 종류든지 평대에는 역시 잘 팔리는 책이 진열돼 있다. 의학 코너라면 그곳을 둘러보기만 해도 의학의 경향을 알 수 있다. 또 그 분야에서 가장 뛰어난 명저도 반드시 놓여 있으니 그런 책을 찾아보는 것도 좋다. 나는 이 서점에서 《클로즈업 인체의 구조 도감》이라는 책을 샀다. 이 책의 사진은 주사형 전자현미경으로 인체의 모든 세세한 부위를 관찰한 것이다. 의사인 나카노 도오루 씨는 대학에서 강의할 때 사용하는 교재를 이 책으로 모두 바꿨다고 한다.

그리고 한 층씩 차례차례 내려오면서 안쪽에서 출구 쪽으로 천천히 책을 살펴보며 걷는다. 최근에는 토목 관련 책의 증가가 눈에 띈다. 건축 관련 책도 마찬가지다. 서점에 가면 실제 경기를 체감할 수 있다. 특히 이런 점을 뚜렷이 나타내는 분야는 의학, 건축, 공학, 과학, 비즈니스 같은 종류다.

그리고 꼭 들를 곳은 아동서 서가다. 어려운 분야에 도전하고 싶으면 이 서가에 가 보기를 권한다. 아동서 서가는 입문용으로 적합한 책을 갖추고 있기 때문이다.

예를 들어 《정원사새의 비밀ニワシドリのひみつ》은 마치 예술가가 만든 것같이 아름답고 큰 둥지를 짓는 새들을 그린 그림책이다. 이 책의 다채로운 삽화를 즐기는 동안 정원사새에 대해 자세히 알게 된다. 어린이나 청소년을 위한 책은 쉽고 재미있게 새로운 세계를 알기 위한 입문용으로 적합하다. 아이들이 이해하기 어려운 부분을 풀이해 놔서 그 분야의 생소한 개념도 뜻을 이해하며 읽을 수 있다. 《로봇 창조학 입문》은 로봇이란 무엇인

지, 어떻게 만들어지는지 흥미로운 내용을 쉽게 해설해 주는 양서다.

이런 방법으로 대형 서점을 둘러보면 더 다양한 분야의 책을 효율적으로 구매할 수 있다.

살지 말지는 한 권당 5분 정도 들여서 생각한다. 먼저 프롤로그, 머리말을 읽는다. 거기에는 저자가 그 책의 테마에 대해서 핵심을 간추린 요지가 들어 있다. 그러니 내용에 끌리고 글에서 거부감이 들지 않으면, 괜찮은 글이라고 생각된다면 첫 번째 관문은 돌파한 것이다. 남은 문제는 사기만 하면 된다. 이 과정을 종일 반복한다. 더없이 행복한 시간이다.

관문을 돌파한 책은 그 자리에서 모두 구매한다. 책을 사는 행위는 일기일회一期一會 : 일생에 단 한 번의 만남. 지금 이 순간의 인연을 소중히 해야 함을 비유하는 말 — 옮긴이 주이며 '좀 고민해 보고…' 하며 나중으로 미루면 두 번 다시는 못 만난다고 생각하는 게 좋다. 협박이 아니라 실제로 그렇다. 하드커버판은 의외로 금방 절판돼 버린다. 애초에 좋은 책을 만나기 위해서는 많이 사는 것이 최선이다. 잘못 살까 봐 주저하느라 사지 않는 것은 안타깝다. 열심히 자신에게 투자하려면 '살까 말까 망설여진다면 산다!'가 원칙이다.

다만 너무 무거운 책인 경우는 제목과 출판사명을 메모해서 나중에 인터넷 서점에서 사기로 한다. 서점 대부분이 일정액 이상을 구매하면 무료로 배송해 주므로 무료배송 서비스를 이용하면 된다.

이것이 '대장 내시경 검사 걷기법'이다!

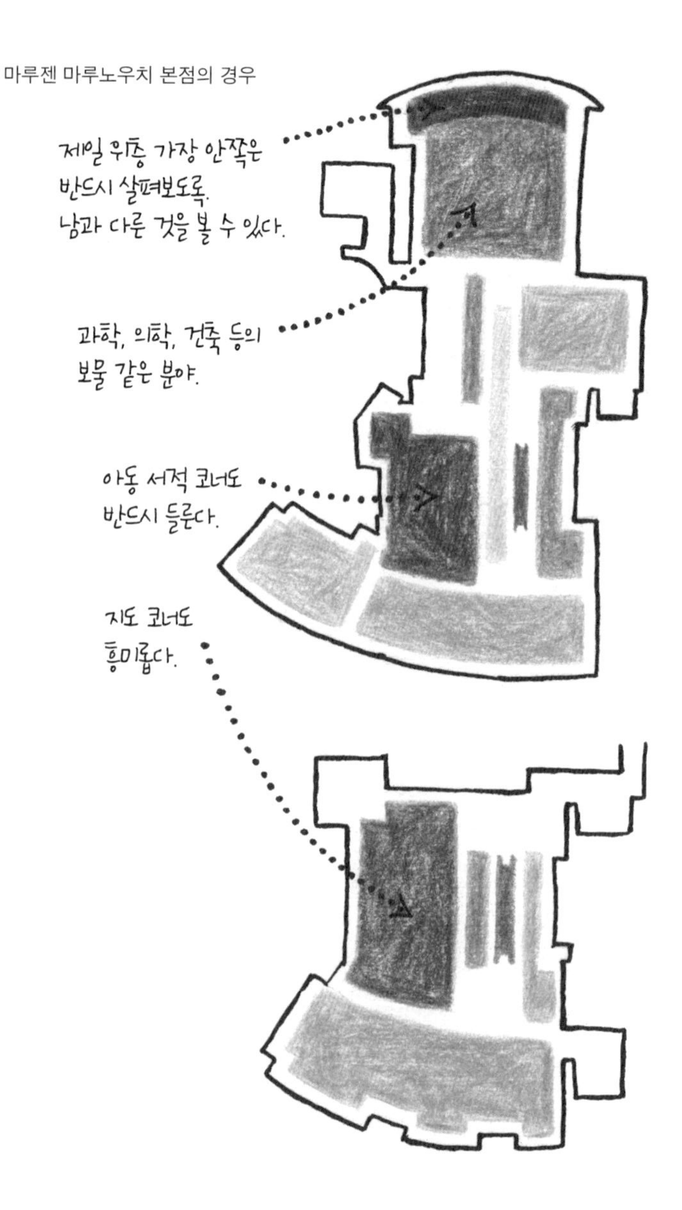

Book Review

인체의 수많은 세포와 조직 사진이 300점 이상 실려 있다. 대부분 주사형 전자현미경 사진이다. 고배율의 돋보기로 인체 속을 들여다보는 듯하다. 원래 전자현미경 사진은 흑백뿐이지만 이 책에서는 실제와 비슷하게 채색해 아름다운 컬러 도감으로 탄생했다.

존 클랜시, 기타가와 레이 옮김, 《클로즈업 인체의 구조 도감クローズアップ人体のしくみ図鑑》, 소겐샤.

Book Review

이와나미 주니어 신서 중 독창적인 로봇 개발에 참여해 온 저자가 쓴 개발 비화가 가득한 한 권이다. 책 후반부에는 미래 로봇의 '생김새'와 '감정'에 대한 저자의 생각을 담담하게 써 내려갔다. 로봇의 생김새는 굳이 사람 같아야 할 필요가 없고, 로봇에게 감정을 부여한다면 생존에 집착하는 마음을 갖지 않도록 해야 한다는 윤리적 시선도 되짚어 볼 만하다.

히로세 시게오, 《로봇 창조학 입문ロボット創造学入門》, 이와나미쇼텐.

단골 서점은 책을 좋아하는 친구처럼 소중한 존재다.
매년 수만 권의 책이 출간된다고 하는데
어디에 어떤 책이 있는지 훤히 아는 서점이 있다면
효율적으로 책을 살펴볼 수 있다.

읽을 책을
정하는 기준,
'목차, 장정, 번역가'

책이 재미있을지 어떨지를 바로 알려면 '프롤로그', '머리말'을 읽으면 된다고 했는데 물론 직감으로 선택해도 상관없다. 그것이 가장 확실한 재미있는 책 선택법인지도 모른다.

다만 직감이 작용하지 않을 때는 다른 기준이 있다. 포인트는 '목차', '장정', '번역가'다.

(1) 목차

목차는 저자가 공들여 생각한 제목이 차례대로 나열된 것이다. 여기에 하나라도 흥미를 끄는 구절, 지금까지 몰랐던 사실이 있으면 그 책은 사기로 한다.

예를 들어《인의 없는 기독교 역사》의 목차는 이렇다.

- 제1장 야쿠자 예수
- 제4장 바울-조폭 전도사들
- 제8장 조폭 루터의 종교개혁

이 책은 옛날 협객영화 같은 전편 엔터테인먼트 구성으로 기독교의 성립 과정을 담아냈다. 목차가 그 재미를 예고한다. 이것만으로도 값어치가 있다.

(2) 장정

'장정'은 책의 커버 디자인을 포함 표지, 책등, 띠지, 케이스 등 전체적인 모습을 다듬은 꾸밈새를 말한다. 좋은 책은 예외없이 디자인이 좋다. '스타일이 좋아서' 선택하는 것도 틀림없는 선택법이다. 레코드로 말하자면 재킷만 보고 사는 것에 해당한다. 음악 애호가에게 패키지 디자인만 보고 레코드를 사는 일이란 레코드 가게를 순회하는 묘미 중 하나다. 자신의 상상을 뛰어넘는 멋진 레코드를 만났을 때는 행복한 마음이 든다.

책에서는 장정이 뜻밖의 만남을 주선한다. 출판사가 정성 들여 만든 책은 장정에도 예산이 책정돼 있다.

장정에서 제일 먼저 눈길이 가는 곳은 커버 부분인데 커버만큼 중요하게 살펴봐야 할 부분이 두 군데 있다.

바로 책등과 표지다.

먼저 책등을 살펴본다. 책장에 진열했을 때 첫눈에 보이는 것은 책등이기 때문이다. 재미있는 책은 십중팔구 책등도 확실히 다르다. 예를 들어《마오쩌둥의 대기근》은 책등에 쓰인 글자를 자세히 보면 아래위로 조금씩 짧아져 있다. 이것으로 예사롭지 않은 내용, 선 굵은 느낌을 나타낸다. 이런 데서 디자이너의 실력이 느껴진다.

커버를 벗겼을 때 나타나는 표지에도 주목해야 한다. 표지와 커버는 혼동되기 쉬운데 '커버'는 일반적으로 우리가 서점에서 보는 상태인 것, '표지'는 커버를 벗긴 후에 나타나는 책 자체의 겉면을 말한다. 표지는 커버와 같은 디자인도 있고 아무 무늬가 없는 것도 있다. 거기에 뭔가 디자인이 돼 있는 책은 재미있을 가능성이 크다. 디자이너가 그 책의 본질을 이해하고 표현할 수 있다는 의미이기 때문이다. 아무것도 없이 하얗다면 그 책은 정성이 부족하지 않았나 생각할 수 있다.

덧붙여서 개인적으로 하드커버 책 중 책갈피에 끼워 두는 가름끈이 없는 책은 덜 만들었다 싶어 사지 않는 편이다.

당연히 커버 자체도 확실히 본다. 《철도, 역사를 바꾸다》는 중후한 느낌을 자아내고 있는데 이것은 표지에 두께감이 있어서 그렇다. 이 책은 '역사를 바꾸다' 시리즈로 동물편이나 식물편 등이 나와 있는데 책등 색상은 다르지만 색조가 조화를 이뤄 정말이지 전부 사서 꽂아 두고 싶을 정도로 운치가 있다.

한 가지 더 말하자면 도판과 사진이 많은 책도 가치가 있다. 도판은 일반적인 일러스트나 삽화가 아니고 자료로서 의미 있는 것이다. 앞장에서 〈메인 책장〉에 남길 책의 기준으로 도판과 사진이 많은 것을 꼽았었다. 이들은 자료로 요긴하게 쓸 수 있다.

사람은 의외로 사물의 이름을 잘 모른다. 이름을 모르고서는 인터넷으로 조사하는 데도 어려움이 따른다. 그러니 도판과 사진에 꼼꼼한 해설이 곁들여진 도감이 있으면 편리하다.

예를 들면 거실 벽의 맨 아래, 바닥과 닿는 장판 혹은 나무 부분을 무엇이라고 부를까 떠오르지 않을 때처럼 말이다 정답은 걸레받이. 도감으로 이름이 무엇인지 모르는 것을 비교적 간단하게 알 수 있다. 〈타워 책장〉에 넣을 사전이나 도감을 살 때도 도판과 사진을 기준으로 삼으면 좋다.

(3) 번역가

번역서는 대부분 누가 번역하는지로 재미를 예측할 수 있다.

예전에는 유명한 문학 작가들이 번역가로 활동했다. 이부세 마스지井伏鱒二는 《돌리틀 선생》을 번역하고 모리 오가이森鴎外는 안데르센과 괴테를 도맡아 번역했다. 그러나 지금은 직역한 것 같이 형편없는 번역도 많다. 그런 책은 읽을 가치가 없다. 번역서는 '번역가'로 판단해도 좋다.

해외 소설을 좋아하는 사람이라면 폴 오스터Paul Auster의 소설은 시바타 모토유키柴田元幸 번역으로 읽고 싶을 것이다. 제프리 아처Jeffrey Archer의 소설은 예전이라면 나가이 준永井淳, 지금은 도다 히로유키戸田裕之의 번역을 따를 사람이 없는 듯하다.

다만 논픽션은 조금 사정이 다르다. 작가와 번역가가 세트가 아니고 내용의 경향이나 재미가 번역가와 세트를 이루는 경우가 많다.

내가 추천하는 번역가는 아오키 가오루青木薫다. 《우주는 왜 이와 같은 우주일까宇宙はなぜこのような宇宙なのか》 등으로 유명하다.

문장에 기분 좋은 리듬이 살아 있어서 나는 일 년에 다섯 권 정도 나오는 그녀의 번역서를 모두 읽는다.

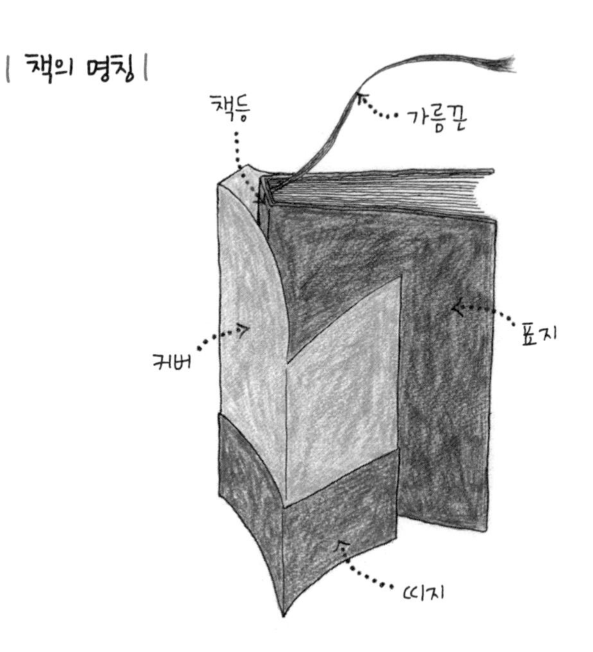

Book Review

빌 로스, 이지민 옮김, 《철도, 역사를 바꾸다》, 예경.

철도가 말과 경쟁하던 시대까지 거슬러 올라가 본다. 파나마 철도, 시베리아 철도 등 철도의 역사를 엮은 대형본으로 일러스트와 사진이 풍부하게 실려 있다. 이 '역사를 바꾸다' 시리즈에는 광물, 식물, 동물 등 여섯 편이 있고 모두 갖춰 꽂으면 그 자체로도 아름답다.

Book Review

이 책은 전편에 걸쳐 히로시마 사투리, 야쿠자 말투로 구성된 기적의 기독교 역사다. 목차는 제1장 야쿠자 예수 / 제2장 야쿠자 예수의 죽음 / 제3장 초기 야쿠자 교회 / 제4장 바울-조폭 전도사들 / 제5장 로마 제국에 다가오는 야쿠자의 그림자 / 제6장 실록, 서임권 야쿠자 투쟁 / 제7장 네 번째 십자군 / 제8장 조폭 루터의 종교 개혁 / 마지막 장 야쿠자와의 인터뷰. 띠지에는 "저 자슥들 입만 열믄 남의 죄로 지 밥 얻어먹고 살제."라는 문구가 눈에 들어오고 "엔터테인먼트로 배우는 획기적인 기독교 역사 입문!"이라고 쓰여 있다. 한 구절을 인용한다.

–하지만 예수는 날카로운 눈으로 야쿠자를 노려보더니 짧게 말했다. "시끄럽데이, 입 안 닫나."

마르틴 루터도 황제의 심문관으로부터 "어이, 촌놈. 여 있는 거 니가 썼노?"라는 질문을 받고 "그래, 내다." 하고 대답한다. 독자는 자기가 기독교 역사를 배우고 있는지 히로시마 사투리나 야쿠자 말투를 배우고 있는지 점점 헛갈리게 될 것이다. 60~70년대 협객영화를 보던 사람들도 그렇지 않은 사람들도 경악할 만한 한 권이다. 농담 섞어 말하자면 출간 금지, 판매 금지가 되기 전에 일단 한 권 사 두는 게 어떨까?

가가미 교스케, 《인의 없는 기독교 역사仁義なきキリスト教史》, 지쿠마쇼보.

특정 분야는

중소 출판사를 주목해야 하는 이유

나는 어떤 종류의 책을 살 때는 출판사를 보고 산다.

단, 특정 분야의 경우다. 대형 출판사는 많은 독자를 얻기 위해 폭넓은 테마를 공략하는 데 뛰어나다. 반대로 독자가 적은 틈새 분야는 전문서가 중심인 중소 출판사의 흥미로운 책이 눈에 띈다. 내용에 보다 깊이를 더해 핵심 독자에게 전달하는 힘이 뛰어나다. 그러므로 특정 분야에서는 대형 출판사보다 작은 전문계 출판사의 책을 읽는 때가 많다. 이런 출판사에서는 편집적偏執的인 저자가 편집적으로 엮은 책이 나온다.

때로는 대형 출판사에서 절대로 나오지 않는, 자비로 출판한 굉장한 책이 눈에 띈다. 《석세스 철 스크랩은 로망》이라는 명저가 있다. 철 스크랩재생해서 사용하는 쇠부스러기나 고철을 나타내는 말—옮긴이 주 일을 해 온 저자의 책으로 철 스크랩 전문가 이외에는 아무도 읽지 않을 거라고 생각될 만큼 철 스크랩 이야기뿐이다. 그런데 사진도 풍부하고 정말이지 재미있다. 자비 출판에는 가끔 이런 책이 있어서 놓칠 수 없다.

Book Review

복카샤牧歌舎라는 출판사 이름으로 봐서는 아마 틀림없이 자비 출판이다. 자비 출판 책까지 사 모으다니 스스로 생각해도 어이없지만 이 책은 상당히 재미있다. 저자는 1941년생 '철 스크랩맨'이다. 스미토모 상사에서 철 스크랩 업무를 담당하다가 미국 기업에 스카우트를 받아 산전수전 다 겪으며 업계에서 살아남는다. 독립 후에는 미국 최고의 철 스크랩 수출 기업을 훌륭하게 성장시켰다. 이 책은 그 성공담을 자비 출판으로 완성한 한 권이다. 스스로를 '세계 제일의 철 스크랩맨'이라고 자신한다. 물론 저자와는 만난 적도 없지만 상당히 멋진 비즈니스맨이다. 50페이지가 넘는 철 스크랩 컬러 사진이 아름답다. 책의 만듦새도 꼼꼼하고 내용도 더할 나위 없이 재미있다. 커버 안쪽까지 공을 들였다.

사실 이 책에는 후일담이 있다. 2010년 7월 복카샤에서 자비 출판으로 나왔는데 같은 해 12월 세카이분카샤에서《철 스크랩 로망鉄屑ロマン》이라는 제목으로 재출간됐다. 편집자의 혜안에 경의를 표하고 싶다. 좋은 책을 만들면 반드시 읽는 사람이 생긴다.

마스이 시게키,《석세스 철 스크랩은 로망サクセス—鉄屑はロマン》, 복카샤.

좋은 책을

추천 받으려면

서점에 가지 않고도 재미있는 책을 알아낼 방법이 있다. 누군가 다른 사람에게 묻는 것이다. 그 누군가는 적어도 책을 많이 읽는 사람이어야 한다. 평소 책을 잘 읽지 않는 사람에게 재미있는 책을 권해 달라고 하면 대부분 그냥 최근에 읽은 책을 말해 준다.

정말로 재미있는 영화를 아는 사람은 재미없는 영화나 시시한 영화까지 두루 섭렵한 사람이다. 책도 마찬가지다. 많이 읽기 때문에 추천할 만한 한 권을 아는 것이다. 그러므로 많이 읽는 사람에게 추천받는 것이 가장 좋다. 자칫 재미없는 책을 소개받아 꾸역꾸역 그 책을 읽는 것은 위험한 모험이다.

나 아닌 다른 사람은 두 종류다. 내가 아는 사람, 그리고 모르는 사람.

아는 사람에게는 재미있었던 책을 직접 물어보면 된다. 질문할 때는 주의가 필요하다. '좋은 책', '도움이 되는 책'이라고 물어서는 안 된다. 반드시 '재미있는 책', '놀라운 책', '모르는 것 투성이였던 책'을 묻도록 한다.

'좋다', '도움이 된다' 같은 말을 들으면 사람은 꾸며서 대답하게 된다. 두근거리게 하는 책보다 이맛살 찌푸리게 하는 책을 추천하기 쉽다. 지적 호기심을 자극하는 책을 추천받으려면 질문에도 요령이 필요하다.

모르는 사람으로부터 추천받는 것도 좋다. 방법은 간단하다. 최근에 읽은 책 중에 가장 재미있었던 책을 인터넷에서 검색한다. 그러면 포털 사이트 책 소개나 출판사 사이트로 연결되고 서평이 올라와 있으므로 그 서평을 읽는다. 내가 재미있다고 생각했던 부분을 잘 표현한 서평이라면 그 사람과 나는 감성이 맞는 것이다. 그 사람이 따로 소개하는 책이 있다면 그것도 읽어본다. 인터넷을 '믿을 만한 조언자'를 찾는 데 이용하는 셈이다. 내가 좋아하는 책의 저자나 제목을 넣고 검색하다 보면 만날 확률이 높다.

인터넷 서점의 독자 리뷰도 활용할 만하다. 다만 인터넷 서점 독자 리뷰는 서평이라기보다 감상문으로 흐를 때가 많으니 주의가 필요하다.

새로운 분야는

처음부터 전부 알 수 없다

지금까지 읽은 적 없는 새로운 분야에 도전하려는 사람도 있을 것이다. 그런 때에는 책 선택이 중요하다. 갑자기 어려운 책을 접해서는 안 된다. 무슨 말을 하는 건지 종잡을 수가 없으면 그 분야를 싫어하게 될지도 모른다. 대단히 안타까운 일이다.

처음에는 예를 들어 과학이라면 우주론부터 들어간다든지, 역사라면 로마사부터 시작한다든지 해서 어느 정도 범위를 좁혀 읽어 나가는 게 좋다.

과학에서 특히 생명과학은 뒤로 미룬다. 발전 속도가 대단히 빨라서 따라가기가 어렵다. 반면 우주론은 너무 고루하지 않고 새로운 이야기도 적당히 나오므로 입문서로서 재미있게 읽어 나갈 수 있다.

역사도 처음 시작은 한정된 시대, 한정된 지역이 좋다. 그러면 자연스레 다른 데로 넓어지게 된다. 다만 비즈니스맨의 입문서로는 경제나 사회 등 많은 것이 극적으로 발전한 전국 시대가 좋을 것이다. 변화가 거의 없는 에도 시대는 오래되고 세세한 부분이 많아서 노후의 즐거움으로 남겨 둬도 나쁘지 않다.

먼저 시대를 정하면 다음부터는 관심 가는 대로 범위를 넓혀 가면 된다. 우선은 좁은 데부터 발판을 구축한다.

예술 종류는 구매해서 집에 장식하고 싶은지 아닌지를 기준으로 범위를 넓혀 가면 된다. '만약 내가 산다면' 하는 관점으로 읽으면 나름대로 진지하게 읽게 돼서 한층 지식이 깊어진다. 이를테면 나는 〈모나리자〉는 별로 자세히 알고 싶지 않다. 방에 두면 무서울 것 같아서. 반대로 고흐나 루오는 좋아한다. 《'고흐의 꿈' 미술관》이라는 책이 있다. 일본에 호감이 있었다는 고흐를 중심에 두고 그를 둘러싼 세기말 유럽을 그린 책이다. 이 책을 읽으면 동시대 화가 중에 고흐 외에도 알고 싶어지는 인물이 나올 것이다. 또 하나 추천하는 책은 《〈쾌락의 정원〉 보스가 그린 천국과 지옥》이다. 르네상스의 거장 보스가 그린, 마치 이 세상이 아닌 것 같은 대단히 기묘한 그림이 펼쳐진다. 책장을 넘기기 시작하면 멈출 수 없게 된다.

예술은 그 작품 자체에 끌리는지 아닌지를 기준으로 해서 지식을 늘려 가면 된다. 어렵게 생각할 필요는 없다.

Book Review

19세기 말 파리의 화단에서는 자포네즈리 japonaiserie, 일본취향가 크게 유행했다. 그중에서도 고흐는 일본에 강한 동경을 품고 있었다. 그가 꿈꾼 이상의 정원 '일본'은 어떤 모습이었을까? 포스트 인상파 시대의 화가들과 세기말 유럽의 예술 사조를 많은 작품과 편지글로 설명해 가는 한 권이다.

고데라 쓰카사, 《'고흐의 꿈' 미술관 「ゴッホの夢」美術館》, 쇼가쿠칸.

Book Review

159페이지에 24,000원 정도로 비싼 편인 책이다. 그도 그럴 것이 거의 모든 페이지가 컬러다. 15세기의 화가 보스는 대단히 기묘한 풍경을 그렸다. 달리가 태어나기 400여 년도 더 전에 달리 이상으로 불가사의한 그림이 있었던 것이다. 페이지를 넘기기 시작하면 멈출 수 없게 되는 금단의 미술 서적이다.

간바라 마사아키, 《〈쾌락의 정원〉 보스가 그린 천국과 지옥 「快楽の園」—ボスが描いた天国と地獄》, KADOKAWA.

고전은 책장의 밑거름이다

지금까지 만난 성공한 사람들 대부분이 읽었다는 책이 있다.

《방법서설方法序說》이다. 말하지 않아도 누구나 다 아는 프랑스 철학의 대가 데카르트의 명저다. 나도 물론 갖고 있다. 그러나 아직 읽지 않았다.

나는 이러한 고전 명저는 아직 읽지 않아도 된다고 생각한다. 그러나 언젠가는 읽는다.

내가 주로 추천하는 것은 신간이지만 이런 고전을 '오래됐다', '어렵다'고 제쳐 놓는 것은 경솔한 판단이다. 또 읽지 않는다고 책장에 두지 않아도 손해다. 언제나 눈에 띄는 곳에 두지 않으면 잊어버려서 두 번 다시 읽지 않는다.

언젠가 읽는 날이 온다. 5년 후, 10년 후라도 좋다. 앞 장에서 '사다 놓고 안 읽은 책은 무리해서 읽지 마라'고 했다. 독서는 오래 즐길 수 있는 오락이므로 서둘 필요가 없다. 책을 읽는 데도 타이밍이 있다. 읽을 마음이 들지 않는 것은 아직 내가 그 책과 타이밍이 맞지 않았을 뿐이라고 판단하면 된다. 고전은 많은 사람에게 그 내용이 보증된 책이다. 자신도 언젠가 그 보증인 가운데 한 사람이 된다. 참말로 꿈꿀 만한 이야기이지 않은가?

나중에 읽고 싶은 책은 갖고 있자. 그런 책으로는 고전이 어울린다. 가끔 손에 들고 책장을 훌훌 넘겨보다가 '역시 어렵군.' 하고 원래 자리에 꽂아 놔도 상관없다. 그 과정을 반복하기만 해도 펴 볼 생각조차 않는 사람과는 확실한 차이가 생긴다.

나중에 읽고 싶은 책은 갖고 있자.
그런 책으로는 고전이 어울린다.
가끔 손에 들고 책장을 훌훌 넘겨보다가
'역시 어렵군.' 하고 원래 자리에 꽂아 놔도 상관없다.
그 과정을 반복하기만 해도
펴 볼 생각조차 않는 사람과는
확실한 차이가 생긴다.

여러 분야를 동시에 읽으면 일어나는 화학반응

책을 처음부터 끝까지 차례대로 고지식하게 읽을 필요는 없다. 소설이 아닌 한 앞부분을 안 읽었다고 뒷장이 이해되지 않는 일은 별로 없다. 그러니 속독하고 싶으면 목차를 보고 재미있을 것 같은 장부터 읽는 게 좋다. 그 장이 재미있으면 다른 장도 읽어 본다. 반대로 처음 읽은 부분에 재미를 느끼지 못했다면 더는 읽지 않아도 좋다. 읽어야 할 책은 그 책 말고도 무궁무진하다. 참고 계속해서 읽는 것은 시간 낭비다.

일부러 중간부터 읽어야 하는 책도 있다. 어느 정도 알고 있는 분야의 책이다.

예를 들어 우주론 책에서는 대개 제1장에 우주 탄생부터 현재까지의 역사를 다룬다. 우주론을 처음 읽는 사람을 위해서 기초지식을 정리해 놓은 것이다. 누가 써도 우주의 탄생 같은 부분은 비슷한 내용이기 때문에 이미 알고 있다면 읽지 않아도 된다.

또 독서에 싫증이 나면 일단 책 읽기를 쉰다. 그리고 쉬는 동안에 다른 책을 읽는다. 한 권을 단번에 전부 읽으려고 하지 않는다.

전부 읽으려면 한꺼번에 일정량의 시간이 필요해진다. 책에 맞춰 당신의 시간을 빼앗겨서는 안 된다. 비어 있는 시간에, 읽고 싶은 책을, 읽을 수 있는 데까지 읽는다. 계속해서 그렇게 읽어 나가면 된다.

그러므로 한 권을 다 읽지 않고 다른 책을 읽기 시작해도 상관없다. 자세히는 이전에 《책, 열 권을 동시에 읽어라》라는 책에서 썼기 때문에 다시 되풀이하지 않는데 책은 오히려 여러 종류를 같이 읽는 것이 좋다. '열 권 동시에'라는 말은 '열 개 분야를 동시에'라는 의미다.

그 열 권을 어떤 분야부터 선택할까. 우선 〈메인 책장〉에 배정된 과학, 역사, 전통문화, 경제, 사건·사회, 문화·예술 외에 스포츠, 민속·풍속, 요리, 비즈니스 같은 종류를 생각할 수 있다. 이들 분야부터 한 권씩 같이 읽어 나간다.

예를 들면《슬로 라이트와 마법의 투명 망토遅い光と魔法の透明マント》《한나 아렌트》《분라쿠에 오신 걸 환영합니다》《더 이상 숨을 곳이 없다暴露》《뉴욕의 상뻬SEMPE IN NEW YORK》《절단 비너스切断ヴィーナス》《제가 당신의 회사를 망쳤습니다申し訳ない、御社をつぶしたのは私です》《내셔널지오그래픽 프리미엄 포토 컬렉션》 같은 식이다.

이 책들을 같이 읽으면 '분라쿠의 무대 조명은 어떤 방식일까' 하는 의문과 '한나 아렌트 시대에 찍은 사진집에는 어떤 것이 있을까' 하는 흥미, '뉴욕은 의족으로 생활하는 사람들에게 어떤 환경일까《절단 비너스》는 의족 생활을 하는 여성을 특집으로 다룬 책이다' 하는 관심이 끓어오른다.

이런 식으로 여러 권을 동시에 읽는 사람의 머릿속에서만 이 화학반응이 일어난다. 이런 화학반응은 다른 사람은 생각할 수 없는 발상을 낳아서 독창적인 아이디어의 씨앗이 된다.

Book Review

전쟁의 세기를 살았던 정치 철학자 한나 아렌트의 전기로 그 사상을 소개한다. 영화 〈한나 아렌트〉에서 그려진 나치스 친위대의 일원으로서 수백만 명의 유대인을 수용소에 보낸 아이히만의 재판 보고서를 둘러싼 이야기다. 이 책은 아렌트의 경험과 그 경험을 기초로 한 작가 자신의 사고의 결실이다.

야노 구미코, 《한나 아렌트ハンナ アーレント》, 쥬오코론신샤.

Book Review

이 책은 차세대를 짊어질 인형사이며 60대를 맞아 원숙미를 더해 가는 스타, 기리타케 간주로와 요시다 다마메 두 사람이 소개하는 분라쿠 안내서다. 분라쿠와 인형사가 너무나 좋아서 참을 수 없다는 정취가 느껴진다. 두 사람이 좋아하는 공연이 각각 다르다는 점도 흥미롭다.

기리타케 간주로 · 요시다 다마메, 《분라쿠에 오신 걸 환영합니다文楽へようこそ》, 쇼가쿠칸.

포스트잇을 활용한 효율적인 책장

책은 편안하게 읽는 것이 제일이다. 재미를 느끼고, 놀라고, 감동하면 된다. 절대로 의무가 돼서는 안 된다. 바쁜 시간에 급하게 패스트푸드를 먹듯이 '빨리 많이 읽어야 해' 하며 기를 쓰고 읽어서는 재미가 없다.

그러나 읽은 책을 남겨 둘지 말지 선택하는 것은 중요하다. 몇 번이나 말하지만 〈신선한 책장〉에서 〈메인 책장〉으로 옮길 때의 선별, 〈메인 책장〉에서 탈락시킬 때의 선별이 내 지성의 앞날을 결정하기 때문이다.

그 선별을 효율적으로 돕는 것이 포스트잇이다. 포스트잇을 붙이면서 책을 읽어 나간다. 나는 독서할 때 메모를 하거나 줄을 긋지 않는다. 활자 중독인 사람은 일분일초도 허비하지 않고 책을 읽고 싶은 법이다. 시간 낭비는 하고 싶지 않다. 그래서 등장하는 것이 포스트잇이다.

포스트잇은 필름 타입이 사용하기 편리하다. 투명해서 글자 위에 붙여도 된다. 종이 포스트잇은 많이 붙이면 두꺼워지지만 필름 타입은 얇아서 안성맞춤이다. 다만 너무 좁으면 사용하기 번거로우므로 나는 폭이 5밀리 이상인 것을 쓴다.

내가 애용하는 것은 다이소에서 '컬러 인덱스'라는 이름으로 팔고 있는 필름 타입이다. 길을 걷다가 다이소가 보이면 한꺼번에 사 둔다.

이것저것 써 보다가 이 필름 타입으로 정착했는데 주변 독서가들도 모두 비슷한 걸 쓰고 있다. 독서가는 대부분 이것으로 결론 나는 것 같다. 이 포스트잇 한 묶음을 책 읽을 때 책 커버가 접히는 부분, 속표지에 붙여 두고 사용한다. 또는 붙여 놓고 쓸 빈티지 느낌의 캔을 준비해서 책장에 오브제 대신 두는 것도 편리하다.

책을 읽다 붙일 곳은 '놀랍고 새로운 사실'이나 '남에게 소개하고 싶은 구절'이다. 이 두 군데에 붙이면 나중에 내용을 기억해 내기 쉬워진다. 서평을 쓸 때도 요긴하게 사용할 수 있다. 그렇게 해서 읽어 나가면 책을 다 읽고 봤을 때 필요한 곳에 포스트잇이라는 자기만의 전용 서표가 끼워져 있다. 나는 한 권당 50군데 정도 포스트잇을 붙인다.

그리고 포스트잇을 붙인 채 책장에 꽂는다. 떼어낼 필요는 없다. 그러면 책을 덮은 후에도 포스트잇을 길잡이로 자신이 얻은 지식, 감동한 문장을 바로 찾아갈 수 있다. 포스트잇이 붙어 있는 책으로 가득 찬 책장은 나의 외장형 두뇌로서 효율적으로 제 기능을 발휘한다.

자투리 시간에 읽을 책을 결정한다

외출할 때는 〈신선한 책장〉에 있는 책을 갖고 나간다고 제2장에서 이야기했다. 내 가방 속에는 언제나 적어도 두 권은 들어 있다. 이 책은 현재 읽고 있는 책이 아니다. 아직 읽지 않은 책이다.

이 책을 갖고 다니는 것은 제대로 읽기 위해서가 아니다. 업무를 보러 갈 때나 약속 장소로 이동하는 전철 안에서 목차를 보고 재미있을 것 같은 부분을 군데군데 읽는다. 자투리 시간에 전부 읽을지 말지를 결정하는 것이다.

집에 돌아오면 그 책은 반드시 가방에서 꺼내서 다시 〈신선한 책장〉에 둔다. 읽기로 결정했다면 제대로 읽는다. 읽지 않을 거라면 재미있을 것 같은 장만 골라 읽는다. 그리고 다음 날이 되면 또 다른 책을 꺼내 들고 나간다. 매일 책을 바꾸는 것이다. 이렇게 해서 '이 책을 읽을지 말지' 결정한다. 자투리 시간을 알차게 이용해서 읽을 책을 결정하는 것이다.

여행지에서
책을 읽는 것은
새로운 체험의 기회다

나는 여행을 갈 때면 항상 넉넉하게 책을 갖고 간다. 일상에서 벗어나 책을 펴는 것은 또 다른 느낌이어서 즐겁기 때문이다.

여행지에서 꼭 읽는 것은 여행지와는 다른 지역에 관한 책이다. 해외에서도 그 나라와는 관계없는 책을 읽는다. 베트남에 가면 파리 책, 뉴욕이라면 멕시코 책 같은 식이다. 평상시는 읽지 않는 도시나 나라, 지역에 관한 책이 좋다. 일상에서 멀리 떨어져 여행 책을 읽는 것만큼 진지하게 책 읽는 시간이 또 있을까.

《재고 그리는 여행》이라는 책이 있다. 뭐든지 측정하지 않고는 못 견디는 저자가 여행지에서 본 온갖 사물을 정확하게 재서 그린 그림이 가득한 책이다. 또《이렇게 다른 중국의 각 성 기질》은 중국 여행 계획이 있다면 챙겨 봐야 한다. 중국 각 지역마다의 각기 다른 기질을 이야기한 책이다. 여행지에서 읽는 이런 책은 일상에서 읽는 것과는 또 다른 느낌으로 다가온다. 다른 나라에 대한 책을 읽는 게 가장 그렇다.

국내 여행이라면 그 지역에 있는 서점에 꼭 가 보자. 거기에는 분명 생소한 책이 있을 것이다. 출판사는 전국에 수없이 많고 지역에 기반을 둔 출판사도 적지 않다. 또 그 지역 특유의 특색 있는 책장이 마련된 곳도 있다. 그 앞에 서는 것은 새로운 책을 만날 기회다. 집으로부터 멀리 떨어진 환경에서 만난 책은 새로운 발견을 가져다준다.

Book Review

인테리어 디자이너인 저자는 어디에 가더라도 재고 그리는 도구를 빠뜨리지 않는다. 가는 곳곳의 레스토랑, 호텔, 화장실 등의 치수를 줄자와 레이저 포인터로 정확하게 측정해서 그려 냈다. 일단 서점에서 책을 펼쳐 세밀하게 그려진 일러스트를 감상하길 바란다.

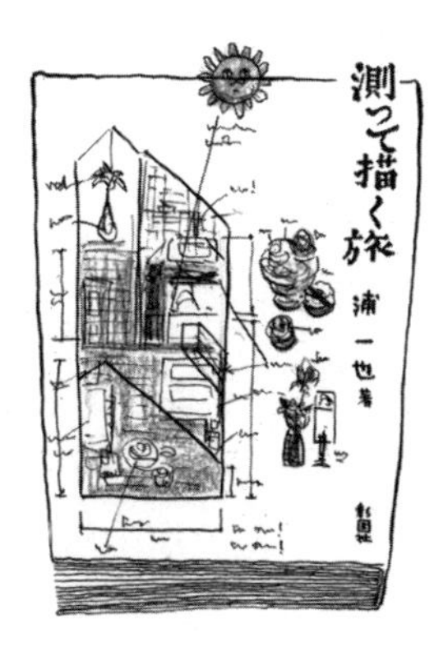

우라 가즈야, 《재고 그리는 여행測って描く旅》, 쇼코쿠샤.

Book Review

중국 31지역의 성격을 분석한, 중국 여행에는 꼭 챙겨야 할 책이다. 적어도 중국에서의 비즈니스를 위해서는 읽어 둬야 한다. 각 성省마다 사람들의 기질이 이렇게나 다르구나 하고 놀라게 된다. 다소 약삭빠른 곳, 교육에 몰두하는 곳, 무사태평한 곳, 새로운 변화를 달가워하지 않는 곳 등 너무나 극단적이지만, 어쩌면 광대한 대지와 끊임없는 전란의 당연한 결과인지도 모른다.

다카하시 모토히토, 《이렇게 다른 중국의 각 성 기질こんなにちがう中国各省気質》, 소시샤.

일상에서 멀리 떨어져 여행 책을 읽는 것만큼
진지하게 책 읽는 시간이 또 있을까.

이야기할수록

책 내용은 내 것이 된다

끝까지, 혹은 부분적으로라도 다 읽은 책이 재미있으면 주변 사람들에게 자주 이야기하며 전해야 한다. 그 이유는 두 가지다.

먼저 이야기를 하면서 어디가 재미있다고 생각했는지 재확인할 수 있다. 흔히 어떤 일을 남에게 잘 설명하지 못하는 것은 내용을 확실히 이해하지 못했기 때문이라고 한다. 맞는 말이다.

책의 재미를 전하려고 할 때 그저 '재미있었다'고만 말하는 사람은 없다. 어디에 무슨 내용이 있고 어떻게 재미있었는지가 전해지도록 이야기해야 한다. 그것도 여러 사람에게 이야기해

보는 게 좋다. 횟수를 거듭할 때마다 더 잘하게 된다. 한 권의 책을 한 사람에게 추천하는 것과 열 명에게 추천하는 것은 기억을 머릿속에 자리잡게 하는 정도에서 차이가 난다.

포스트잇을 활용하는 게 이 때문이다. 책의 재미를 결정짓는 것은 구체적인 일화나 구절이다. 놀랄 만한 사실이며 새로운 정보다. 거기에 포스트잇을 붙이는 행위는 그 일화나 사실에 깃발을 세워 표시하는 것이다. 표시 후에는 깃발에 의지해 책에서 재미있는 요소를 차례차례 끄집어내서 이야기하면 된다.

남에게 이야기하는 것의 또 한 가지 장점은 주변 사람들에게 '이 사람은 재미있는 책을 읽는 사람'이라고 인식되는 일이다. 세상에는 독서를 좋아하는 사람이 많다. 나보다 더 많이 읽는 사람도 얼마든지 있다. 그러나 좀처럼 만날 수 없다. 만난다 해도 알아차리지 못한다. 그 사람이 독서가인지 아닌지 한 번 봐서는 판단할 수 없기 때문이다.

어떤 취미도 마찬가지지만 상대가 나와 같은 취향인 것을 알면 사람은 누구나 말이 많아진다. 그리고 내가 좋다고 생각하는 것을 상대에게 권하고 싶다. 즉 읽은 책을 화제로 하다 보면 책을 좋아하는 사람을 만날 수 있고, 그 사람으로부터 재미있는 책을 소개받을 수 있다.

소개받은 책은 반드시 읽는다. 다 읽지 않아도 되니까 읽기 시작은 한다. 만약 재미있으면 추천해 준 사람에게 어떤 새로운 발견이 있었고 어떤 문장에 감동했는지를 구체적으로 전한다. 그리고 한 권 더 추천받는다. 그렇게 해서 재미있는 책과의 만남을 쌓아 간다.

또 자신이 소개한 책을 읽었는지 물어본다. 어디가 어떻게 재미있었는지도 물어본다. 호의적인 대답을 들을 수 없었다면 다음에 소개할 한 권을 더 재미있게 소개하는 데 힘을 쏟는다.

불행하게도 책 이야기를 할 만한 지인이 주변에 없을 때는 그 재미를 글로 써서 블로그 같은 데에 공개한다. 물론 읽은 책 모두를 소개해서는 안 된다. 재미있었던 책만 골라서 재미있었던 부분만 언급한다. 그리고 같은 책을 재미있게 소개하는 사람이 있는지 찾아본다. 만약 찾는다면 그 사람이 추천하는 다른 책을 읽어 본다. 이것 또한 재미있는 책과 만나기 위한 먼 듯하면서도 가까운 길이다.

부록

웹에서 호평받는 서평 쓰는 법

재미있는 책을 많이 만나려면 재미있는 책을 아는 사람과 교류해야 한다고 제3장에서 이야기했다. 그 교류의 장이 되는 것이 블로그다. 블로그에 재미있었던 책에 대한 서평을 계속해서 써 나가며 많은 독서 애호가들과 만날 수 있다.

여기에서는 논픽션 서평 사이트 〈HONZ〉에서 실천하고 있는 호평받는 서평 쓰는 법을 소개한다.

책을 읽게 하는 서평

먼저 서평의 목적은 서평을 읽는 사람에게 소개한 책이 재미있겠다고 느끼게 하는 것이다. 그리고 그 책을 사서 읽게 하는 데 의미가 있다.

서평을 쓸 때 떠올려야 할 글은 서점 매장에 있는 POP 광고다. 책 사이에 세워 둔 POP 광고에는 그 책이 재미있겠다 생각하고 사길 바라는 서점원의 마음이 담겨 있다.

서평에 개인적인 생각은 필요 없다. 쓰는 사람이 어떤 경험을 해 왔는지, 어떤 개성의 소유자인지 읽는 사람은 전혀 상관없다. 서평은 도서 감상문도 아니고 문예 작품도 아니다. 웃기고 울리고 감동을 주는 문장으로 꾸밀 필요가 없다. 서평 내용에는 얼마나 그 책이 재미있었는지에 대한 설명만 필요하다. 극단적으로 말하면 서평을 쓰는 사람이 그 책을 좋아하는지 싫어하는지도, 좋다고 생각하는지 나쁘다고 생각하는지도 관계없다. 다만 재미있단 사실을 전하는 데 온 힘을 다해야 한다.

POP 광고를 떠올리면 이해가 될 것이다. POP 광고문을 쓰는 사람이 그 책 내용을 어떻게 생각하는가나 작가를 개인적으로 어떻게 생각하는지 길게 쓴다면 읽는 사람은 흥이 깨진다. 다시 말하지만 서평을 읽는 사람은 서평 쓰는 사람에게 특별히 관심이 없다.

그러므로 서평을 쓸 때는 개성을 봉인한다. 특히 서평에서는 누가 쓰더라도 비슷한 문장이 읽기 편하고 좋은 글이다.

기법만 알면 누구라도 쓸 수 있다

서평이라 하면 낯빛이 바뀌는 사람도 꽤 있는 듯하다. 하지만 누구든지 쓸 수 있는 게 서평이다. 긴 서평은 어렵겠지만 1,000자에서 2,000자 정도라면 기술을 익히면 쓸 수 있다. 만약 지금 쓸 수 없다면 서평 쓰는 법을 모를 뿐이다.

갑자기 스케치북과 연필을 건네받고 보이는 풍경을 사실적으로 그려내기는 무리다. 바이올린을 처음 접하고 연주할 수 있는 사람도 없다. 다 기술이 없어서 그렇다. 문장도 기술이 따르지 않으면 쓸 수 없다. 다만 그 기술을 익히는 것은 그림이나 악기를 마스터하는 것만큼 어렵지 않다. 기법을 익히면 누구든지 이해하기 쉬운 좋은 글을 쓸 수 있다.

글 쓰는 법에 관한 책을 읽어 보고 참고해도 좋겠다.

서평을 위한 기초적 기법

(1) 책 제목은 겹화살괄호로 한다

서평에는 반드시 고유명사가 나온다. 바로 책 제목이다. 제목은《 》겹화살괄호로 묶는 것이 규칙이다. 따옴표로 묶으면 대화처럼 보이고 묶지 않으면 어디부터 어디까지가 책 제목인지 알 수 없다. 이 룰은 논문이든 서적이든 모든 문장에 적용된다.

(2) 어미를 통일한다

전문가가 쓴 글은 일부러 리듬에 강약을 주듯 '-입니다', '-합니다'에 '-이다', '-하다'를 섞는 경우도 있고 그 반대도 있다. 그러나 서평은 이해하기 쉬운 것을 최우선으로 한다. 어미는 통일하는 것이 가장 좋다.

(3) 수식어와 피수식어를 너무 떨어뜨리지 않는다

초등학교 때 문장은 '누가, 언제, 어디서, 무엇을, 어떻게, 왜'라는 구성으로 쓰라고 배웠다. 그런데 그 규칙을 지키다 보면 이해하기 어려운 문장이 되는 때가 있다. 예를 들어 보자.

(×) 나는 김 씨가 이 씨가 박 씨가 사망한 현장에 있었다고 증언했나 하고 생각했다.

이 문장은 누가 사망했는지, 누가 현장에 있었는지, 누가 증언했는지, 누가 생각했는지 알기 어렵다. 고쳐 쓰면 이렇게 된다.

(○) 박 씨가 사망한 현장에 이 씨가 있었다고 김 씨가 증언했나 하고 나는 생각했다.

누가 무엇을 했는지 가까운 곳에 모아서 쓰면 알기 쉬워진다.

(4) 같은 표현을 반복하지 않는다

습관처럼 같은 표현을 반복하면 어휘력이 부족한 사람이 쓴 문장처럼 느껴진다. 같은 말을 전하는 데도 다른 표현이 있다. 유의어사전을 사용해서라도 반복은 피한다.

(×) 이 책으로 히그스 입자를 알게 됐을까? 아니, 역시 전혀 이해되지 않는다. 히그스 메커니즘이라는 것은 게이지 대칭성의 자발적인 깨짐에 관한 이론이라고 설명돼 있지만

역시 전혀 이해되지 않는다. 히그스 입자의 발견은 세기적인 사건이고 또 출판계의 기대주이므로 최근 수개월 동안 10권 가까운 서적과 무크지가 출판됐다. 그 대부분을 읽었지만 역시 전혀 이해되지 않는다.

'전혀 이해되지 않는다'가 지나치게 많다. 고쳐 쓰면 이렇게 된다.

(○) 이 책으로 히그스 입자를 알게 됐을까? 아니, 역시 전혀 이해되지 않는다. 히그스 메커니즘이라는 것은 게이지 대칭성의 자발적인 깨짐에 관한 이론이라고 설명돼 있지만 뭐가 뭔지 모르겠다. 히그스 입자의 발견은 세기적인 사건이고 또 출판계의 기대주이므로 최근 수개월 동안 10권 가까운 서적과 무크지가 출판됐다. 그 대부분을 읽었지만 도무지 이해할 수 없다.

이렇게 고쳐서 상당히 좋아졌지만 이 글은 애초에 서평으로는 나쁜 예다. 서평은 이해하지 못하는 책에 대해서 쓰는 것이 아니라 재미있는 책을 소개하는 것이기 때문이다.

스스로 자신의 글을 교열한다

출판사에서 의뢰받아 쓰는 글은 교열자의 손을 거쳐 앞에서 예를 든 것같이 수정된다. 교열자는 이해하기 어려운 문장을 대부분 점검해 준다. 쓰다가 깜빡하고 놓쳐 버린 오자나 탈자도 잡아 준다. 대단히 고마운 존재다.

나는 서너 개의 잡지에 연재를 하고 있으며 여러 출판사에서 책을 내고 있다. 그런 경험에서 말하면 교열이 확실한 출판사는 저력이 있고 재미있는 책을 세상에 많이 선보이고 있다. 반대로 교열이 제대로 이뤄지지 않는 출판사는 불안정하며 책도 어딘지 모르게 재미가 부족하다.

블로거에게는 교열해 주는 사람이 따로 없다. 그러나 마음먹고 서평을 쓰는 이상 완성도 낮은 서평을 쓰고 싶지는 않을 것이다. 내가 쓴 문장을 객관적으로 다시 읽고 스스로 교열할 필요가 있다.

포인트는 하룻밤 재워 두는 것이다. 서평을 쓰고 나서 바로 공개하지 말고 하루 지나고 나서 다시 읽어 본다. 그러면 이해하기 어려운 문장, 설명이 부족한 부분, 그리고 틀린 곳까지 놀랄 만큼 뚜렷하게 눈에 띈다. 이 작업을 소홀히 하고 글을 올리면 몇 번이고 수정이 필요해서 괜한 고생을 하게 된다.

글자 수는 최다 2,000자, 최소 1,200자

이상적인 서평은 서점 앞에 있는 POP 문장이며 문장 분량도 그 정도가 적당하다. 단시간에 빨리 읽을 수 있고 책 한 권이 갖는 정보량과의 균형도 잘 맞는다. 글자 수로 하면 1,200자에서 2,000자 정도다.

이 정도 분량으로 서평을 구성하려면 60퍼센트는 본문 인용을 포함해서 줄거리를 소개하고 40퍼센트는 주변 정보를 보충한다. 주변 정보라는 것은 저자나 장정에 관한 소소한 내용이다.

내가 추천하는 구성은 아래와 같다.

총괄①→ 총괄②→ 에피소드①→ 에피소드②→ (감상)→ 저자 → 일러스트나 장정→ 대상 독자→ 정리

전체를 1,200자로 할 때는 총괄과 에피소드를 하나씩만 쓰고

저자와 일러스트나 장정을 하나로 묶는다.

총괄①에서는 그 책이 어떤 식으로 재미있는 책인가를 분명하게 소개한다. 이것만 따로 잘라 내도 서평으로 구성될 수 있는 참신한 핵심 내용을 담는다.

총괄②에서는 총괄①에서 다 말하지 못한 재미를 자신만의 언어로 표현한다. 아직 본문 인용은 하지 않는다. 총괄①에서 '재미있다'고 독자에게 권했다면 이 총괄②에서는 '정말로 재미있다'고 재확인하는 이미지다.

에피소드①에서는 그 재미를 구체적으로 쓴다. 책 내용이 알려질까 걱정돼서 애매하게 쓸 필요는 없다. 목적은 '그렇게 재미있다면 읽어봐야지' 생각이 들게 하는 것이기 때문이다. 책에서 구절을 통째로 뽑아내 옮겨 싣는 인용도 활용하고 이 책에서 두 번째로 재미있다고 생각한 에피소드의 좋은 점을 남김없이 전한다. 인용 부분은 인용임을 명확히 알 수 있도록 " "큰따옴표로 묶는다.

에피소드②에서는 이 책에서 가장 재미있다고 생각한 부분을 구체적으로 쓴다. 에피소드①보다 재미있는 내용을 뒤로 갖고 와서 그 재미를 더하는 것이다.

그러면 이미 다 읽은 책의 어디에서 재미있는 에피소드를 골라낼 것인가. 큰일이라는 생각이 들지만 여기에서 활용할 수 있는 것이 읽으면서 붙여 뒀던 포스트잇이다. 처음부터 다시 읽지 않아도 어디를 인용할지 바로 느낌이 온다.

두 개의 에피소드 뒤에 들어갈 감상에서는 그들 에피소드에서 자신이 어떻게 재미있었는가를 짧게 쓴다. 이때 '대단히 재미있었다'라든가 '굉장히 재미있었다'라고는 쓰지 않는다. 어떤 식으로 느꼈는지 비유를 해 가며 구체적으로 쓴다.

다음은 책 내용 소개에서 일단 떠나서 이렇게 재미있는 책을 쓴 사람이 어떤 사람인가를 소개한다. 경력이나 다른 저서, 저술 이외의 활동도 이야기할 수 있으면 좋다.

그리고 일러스트나 장정 등 글 이외의 요소에서 얻을 수 있는 정보를 언급한다. 책은 서평을 읽는 사람 주변에 존재하지 않는다. 인터넷에서 찾아봐도 표지 정도밖에 알 수 없다. 그러므로 서평을 읽는 것만으로는 알 수 없는 책의 시각적 매력을 여기에서 전한다. 그렇게 해서 재미있는 데다가 보기에도 좋은 책이라고 생각하게 한다.

이어서 예상되는 독자층에 대해 쓴다. 여기까지 읽으면 비즈니스맨에게 적합한 책인지 역사를 좋아하는 사람을 위한 책인지 읽는 사람도 어느 정도 추측이 간다. 자신은 대상 독자가 아니라고 생각하는 사람도 있을 것이다. 그러나 어떤 책이든 읽은 사람만이 알 수 있는 '이런 사람에게 추천한다' 하는 대상이 있다. 그 점을 피력한다.

마지막으로 정리를 쓴다. 총괄과의 차이는 서평을 읽은 사람에게 이 책을 읽겠다는 결단을 내리도록 밀어붙이는 느낌이다. 미리 책 내용을 접한 서평 독자가 대답하고 싶음 직한 물음을 던진다.

서평《옛사람의 죽음 사용 설명서》에서

총괄①

이 책에는 카이사르, 콜럼버스, 마리 앙투아네트와 같이 역사에 이름을 남긴 19명의 유명인이 등장한다. 그러나 이 책에서 다루는 것은 그들이 구체적으로 어떻게 죽었는가 하는 마지막 순간이다. 한 인물에 대략 10페이지 정도로 정리돼 있어서 중간부터라도 가볍게 읽기 시작할 수 있다.

총괄②

의욕 넘치게 말은 했지만 난처하게도 내용은 그리 가볍지 않다. 단두대에서 튄 피로 도로가 젖어서 미끄럽다, 몸을 절개해 다량의 피와 각종 액체를 긁어낸다 등등. 어쨌든 그런 끔찍한 이야기가 여기저기에 등장한다. 필자 자신도 머리말에서 "피비린내 나는 이야기를 싫어한다면 이 책을 읽어서는 안 된다."고 경고하고 있다. 자신은 아무렇지 않다는 사람도 될 수 있으면 식사 전에는 읽지 말기를 바란다.

에피소드①

그중에서도 베토벤이 당한 것은 위험천만한 처사였다. 그는 죽기 얼마 전부터 몸 밖으로 배출돼야 할 체액이 정상적으로 배출되지 않아 배에 복수가 차 있었다. 그런 베토벤을 구하기 위해 의사들은 복부에 구멍을 내고 관을 끼워 넣어 고름같이 탁한 액체를 뽑아냈다. 대략 10리터 가까운 액체를 뽑아냈다고 한다. 물론 마취나 진통제 같은 건 전혀 없이 의식이 있는 상태에서 이뤄진 일이다. 하지만 격심한 고통으로 의식 같은 건 없는 거나 마찬가지였을지도 모른다. 게다가 그 후에도 같은 치료를 세 번이나 되풀이했는데 매번 같은 구멍과 관이 사용됐다. 아니나 다를까 결국 복부의 팽창은 액체를 뽑아내기 전보다 심해졌다고 한다.

에피소드②

차라리 편안하게 보내 주는 게 좋지 않을까 생각할 법도 한데 의사들은 포기하지 않았다.

그를 한증탕에 넣어 땀을 흘리게 해서 액체를 배출시키려고 했다. 한증막에서 증기를 대량으로 들이마신 대음악가는 배가 부풀 대로 부풀어 그대로 숨을 거두고 말았다.

감상

이런 식으로 치료받는 쪽에게는 오로지 괴롭기만 한 무책임한 의료가 무려 20세기 초까지 실행되었다. 그 비참함에 때로는 경악하고 때로는 쓴웃음을 지으면서 '공포의 의학사'를 더듬어 보는 것도 이 책을 즐기는 하나의 방법이다.

저자

하지만 위인의 마지막 순간이라는 범상치 않은 착안점 이상으로 재미있는 것이 이 책에 흐르는 저자의 독특한 유머다. 저자의 경력을 살펴보니 뜻밖에도 초 · 중학생용 작품을 쓰는 미국의 소설가다. 번역본은 성인용으로 번역돼 있지만 원서는 청소년용으로 쓰여 있다. 그런 필자인 만큼 읽는 사람을 즐겁게 해 주려는 소소한 유머가 곳곳에서 느껴진다.

헨리 8세의 장 내용은 몸집이 매우 커서 몸무게가 공식 농구공 244개분이었다든가 체형은 스타워즈의 캐릭터 '자바 더 헛'을 닮았다든가 점점 이 책의 테마와는 관계없이 흐른다. 독자를 즐겁게 하기 위해서라면 뭐든 하겠다는 정신이다.

대상 독자

읽고 나면 자연스럽게 그들에 대해 좀 더 알고 싶다는 흥미가 샘솟는다. 역사를 좋아하는 사람은 물론이고 역사에 크게 흥미가 없는 사람에게도 이 책을 강력히 추천한다.

정리

다루는 이야기는 죽음이지만 유머 넘치는 이 책을 통해서 보여 주는 그들의 인생은 정말로 생동감이 있다. 어쩌면 터무니없는 치료로 위인들에게 고통을 준 의사보다는 독자 앞에 위인들을 되살아나게 해 준 저자를 '명의'라 불러야 할지도 모른다.

서평은 도서 감상문도 아니고 문예 작품도 아니다.
웃기고 울리고 감동을 주는 문장으로 꾸밀 필요가 없다.

개성은 서평 쓸 책을 선택할 때 발휘한다

정해진 구성에 따라 개성 없는 문장으로 서평을 쓴다면 누가 써도 같아진다. 그렇다고 해서 모든 서평 블로그가 전부 같은 문장으로 돼 있지는 않다. 그것은 이 책에서도 말했듯이 서평을 쓸 대상으로 어떤 책을 고르는가에 개성이 나타나기 때문이다. 책을 고를 때가 유일하게 개성을 최대한 발휘해야 할 대목이다.

서평은 독서 메모와는 달라서 읽은 책 모두에 대해 쓰지 않는다. 반드시 재미있었던 책만 쓴다. 읽은 책을 모두 〈메인 책장〉에 넣을 필요가 없는 것과 마찬가지다.

어떤 책을 서평할 후보로 삼을지는 읽는 동안 정한다. 그러려면 자연히 인용하고 싶은 곳에 포스트잇을 붙이게 된다. 저자가 가장 하고 싶은 말은 이 말이겠지 하는 곳에도 붙이게 된다. 새롭게 얻은 정보나 지식에도 붙인다. 그리고 다 읽은 재미있었던 몇 권 중 가장 좋았던 책만 서평의 대상으로 한다. 재미있었던 책 중에서도 가장 재미있었던 책에 대해서 쓰기 때문에 1,000자 정도는 쉽게 쓸 것이다. 온 힘을 다해 읽는 사람의 흥미를 불러일으킨다.

SEO를 활용한다

인터넷에서 공개된 서평의 최초 독자는 검색 로봇이다. 이 로봇이 구글 등 검색 엔진 상위에 무엇을 갖고 올지 정한다. 그러므로 로봇이 이해하기 쉬운 문장을 쓴다. 이런 대책을 SEOSearch Engine Optimization, 검색 엔진 최적화라고 한다.

예를 들어 '나는 당신을 좋아합니다'라는 책 제목이 있다고 하자. 이 경우 제목을《나는 당신을 좋아합니다》라고 묶지 않으면 당황스러운 경험을 하게 된다. 검색해도 당신이 쓴 서평은 보이지 않을 것이다. 로봇은 묶인 말을 한 단어로 해석한다. 묶여 있지 않으면 한 단어가 아닌 문장으로 판단한다. 그러므로 이것이 제목이고 한 단어라고 로봇에게 가르쳐 주기 위해《 》로 묶는 것이다. 이것은 철칙이다. 로봇에게만 읽히려면 《 》뿐만 아니라 ' '나 ( )도 괜찮지만 그렇게 되면 이번에는 읽는 사람이 '대화일까?' '마음속으로 생각한 건가? 다른 표현일까?' 하고 혼란스럽기 때문에《 》가 최선이다.

또 블로그 도입 제목에도 정확하게 도서명을 쓴다. 저자명, 출판사명을 넣으면 더더욱 좋다. 인터넷 서점 링크도 걸어 둔다. 그 링크로 누군가가 책을 구매하면 적립금을 받을 수 있기도 하다. 이와 같은 어필리에이트Affiliate, 성과보수형 광고 수입을 얻을 수 있도록 설정해 두면 게임하듯 의욕이 생기고 책 구매 비용에도 다소 도움이 된다.

블로그에서 서평을 공개할 때는 어느 블로그 서비스를 사용해도 상관없다. 스마트폰 대응이 유일한 조건이다. 스마트폰으로 읽을 수 없으면 스마트폰만 사용하는 독자를 놓치게 된다.

SNS와 연동시킨다

블로그에 공개한 서평을 더 많은 사람이 읽게 하려면 트위터나 페이스북 같은 SNS도 활용한다. SNS와 연동하지 않는 블로그는 의미가 없다. 다만 블로그를 전부 SNS에 실을 필요는 없고 그래서도 안 된다. 그냥 링크를 거는 정도로 그친다.

트위터라면 게시글 하나에 140자 제한이 있다. 그러니 책 제목을 포함한 문장을 블로그용 서평과는 별도로 준비한다. 다만 140자를 다 써서는 안 된다. 대체로 90자 정도로 한다. 이 정도 글자 수라면 계정 이름을 포함해 리트윗됐을 때 도중에 끊어지지 않는다.

웹상에서 글을 쓸 때의 기법을 하나 더 소개한다. 보통 문장은 단락이 바뀔 때 한 글자 들여 쓰지만 인터넷에서 그렇게 쓰면 레이아웃이 어긋날 때가 있다. 그렇다고 들여 쓰지 않고 붙여서 쓰면 읽기 힘들다. 단락을 바꿀 때는 한 줄을 비우면 좋다.

책을 좋아하는 사람들과 좋은 관계를 맺는다

재미있는 책과 효율적으로 만나려면 재미있는 책을 아는 사람과 만나야 한다. 그러려면 누가 말을 걸어 주기만 기다려서는 안 된다. 먼저 다가가는 것도 필요하다. 그래도 느닷없이 모르는 사람의 서평 블로그에 코멘트를 하기는 망설여진다. 그럴 때 편리한 것이 트위터의 리트윗이나 페이스북의 '좋아요'다. 이것을 활용해서 '당신이 소개하는 책이 재미있다고 생각합니다'라는 메시지를 조심스럽게 전한다. 직접 주고받을 수 있는 관계 만들기는 거기서부터다.

서평 블로그를 계속하다 보면 '그런 책은 재미없다', '해석이 틀렸다' 같은 날 선 의견이 달려드는 일도 있을 것이다. 그럴 때는 내버려두면 된다. 나는 그런 일방적인 비판이 들려올 때는 바로 차단한다. 말려들어서 득 될 것은 하나도 없다.

또 재미있는 책만 소개한다는 원칙은 어떤 일이 있어도 바뀌서는 안 된다. 재미없는 책을 이렇게 저렇게 논하거나 실수를 비웃는 글을 쓴다면 좋은 독자와 거리가 생긴다. 그리고 말꼬리를 잡거나 험담하기를 좋아하는 사람들하고만 관계를 쌓게 된다. 무엇을 위해서 블로그에 서평을 쓰고 SNS로 보내는가를 다시 생각해 보면 곧 알 수 있다. 바로 좀 더 재미있는 책을 알기 위해서다.

재미없는 책이나 험담하고 싶어지는 책 정보는 필요 없다. 서평 블로그에서 어떤 서평을 쓰는지는 〈메인 책장〉에 어떤 책을 넣는지와 완전히 같은 행위다.

에필로그

우리 집의 작은 도서관

일본의 서점은 대략 150년 전까지도 지금과 같은 책장이 없었다.

대부분 가게에서는 손님이 가까이에서 상품을 보고 싶어 하면 안에서 꺼내 와 보여 주는 식이었다. 가게 앞에 상품을 진열하지 않는 것이 당연하고 점원도 손님도 자리에 앉아서 사고파는 손님맞이 방식이 일반적이었다. 아무래도 부담 없이 내용을 확인할 수는 없었다. 당시 사진을 보면 책은 주인 뒤쪽에 쌓아 올려 있다.

또 책등이 보이게 진열하지 않았다. 이유는 책의 형태 때문이다. 오랫동안 일본에 보급되던 일본식 장정은 종이 끈이나 실로 책을 꿰매어 묶었기 때문에 책등이 없었다. 이 상태로는 세워서 진열한다 해도 무슨 책인지 알 수 없다. 다이닛폰인쇄의 전신인 슈에이샤秀英舎가 일본 최초의 활판 양장본을 완성한 것은 1877년이고 그로부터 대략 20년에 걸쳐 일본식 장정본과 양장본의 비율이 역전됐다.

가게 앞에 책을 진열하지 않았던 이유로는 또 하나의 가설을 떠올릴 수 있다.

당시의 손님에게 책을 고를 능력이 없었다는 것이다. 지금처럼 정보가 원활하게 흐르지 않았던 시대, 어떤 책이 출판되고 어떤 책이 재미있는지를 아는 사람은 서점원 이외에는 없었다. 서점원의 힘을 빌리지 않고 손님이 책을 고르는 것은 생각할 수 없었던 게 아닐까?

그러나 시대는 변했다. 서점에는 수많은 책이 진열돼 있고 우리는 거기에서 얼마든지 마음껏 책을 선택할 수 있다. 서점에서 자유롭게 책을 고르는 것은 현대인에게만 주어진 특권이다. 행사하지 않을 이유가 없다.

예전에는 서점에 책장이 없었던 것처럼 가정에도 책장이 없었다.

책은 비싸기도 해서 와인 상자 같은 '서궤'에 눕힌 상태로 수납했었다. 그러다가 책장에 세워서 진열하게 된 것은 책과 서점이 변화했기 때문이다.

관동대지진의 영향도 무시할 수 없다.

관동대지진으로 많은 주택이 불타 없어졌는데 그것은 그 집에 있던 책도 사라졌음을 의미한다. 그래서 현재는 서점이지만 당시는 출판사였던 가이조샤改造社가 새롭게 책을 갖출 수 있도록 저렴한 가격의 가정용 문학전집을 판매하기 시작했다. 쓰보우치 쇼요坪内逍遙, 모리 오가이森鴎外, 고다 로한幸田露伴, 구니키다 돗포国木田独歩, 시가 나오야志賀直哉 같은 유명 작가의 작품을 모두 갖춘, 한 권에 1엔이라 엔본이라 불리던 책이 바로 그것이다. 엔본은 이후 다른 출판사에서도 잇따라 출간되어 엔본 붐을 일으켰다. 누구나 컬렉션은 진열해서 장식하고 싶은 법이다. 책장이 본격적으로 보급된 것은 이즈음이라고 여겨진다.

그 후에는 백과사전 붐이 찾아온다. 1950년대 일본에서는 백과사전이 큰 붐을 일으켰다. 거실에 스테레오 세트와 함께 백과사전을 나란히 놓는 것이 많은 일본인의 동경이자 교양의 표현이었다.

이렇게 되니 책장은 완전히 남에게 보이기 위한 것이 됐다.

책장의 내용은 주인의 지성을 말해 주는 기준이 된 것이다.

이제는 엔본 붐도 백과사전 붐도 사라졌다. 책장은 더 이상 전집으로 산 책을 진열하는 곳이 아니다.

누구든지 책장에 넣을 책을 선택할 수 있다. 그 선택 과정은 나만을 위한 백과사전을 편집하는 것과 같다. 나의 책장을 스스로 연출하는 것 또한 현대인에게만 주어진 특권이다. 이 특권 역시 행사하지 않을 이유가 없다.

다만 자유가 지나치면 모든 일에 문제가 생긴다. 그러므로 룰이 필요한 것이다.

옮긴이의 말

애서가의 책장 정리란

이 책을 만난 것은 행운이었습니다.

수많은 책 중에 자신이 좋아하는 책을 독자들께 소개해 드린다는 것은 큰 축복입니다. 그렇다면 제게는 커다란 축복이 찾아온 셈입니다.

다마 강이 길게 흐르고 있는 도쿄 다마 시에는 오랜 친구가 살고 있습니다.

대단한 독서광으로 집에 있는 책이 만여 권, 책 무게로 2층 바닥이 내려앉을 지경이라 1층으로 옮겨서 방 대부분을 책방으로 쓰고 있는 제 친구 사토. 얼른 다치바나 다카시의 고양이 빌딩*이라도 마련해야 할 듯합니다. 이쯤 되면 책이 많다는 정도를 넘어 거의 책에 얹혀산다고 하는 게 맞을지도 모르겠습니다.

그래도 여전히 새 책, 헌책 가리지 않으며 서점 옆을 그냥 지나치지 못합니다. 만나는 장소도 늘 서점가입니다. 작은 골목에 놓인 가두판매용 기다란 책꽂이부터 신간 서점까지, 산책을 겸해 책을 들여다보다가 다리 아프면 차 마시고 다시 책 보다가 차 마시고 그러다 저녁나절이면 각자 책 몇 권 손에 들고 헤어집니다. 유별난 반가움도 떠들썩한 환영도 없습니다. 그저 오랜 시간 책을 통한 잔잔한 우정입니다.

이 책을 번역하는 동안 책에 대해 마음껏 생각할 수 있어서 참으로 좋았습니다. 저자가 소개하는 '영감을 주는 16개의 책장'은 제가 좋아하는 곳도 많아서 독자들께 전해 드릴 생각에 가슴이 뛰었습니다.

---

* 저널리스트이자 애서가로 이름난 다치바나 다카시는 웬만한 도서관 규모와 맞먹는 개인 서재 빌딩을 갖고 있는데 건물에 검은 고양이가 크게 그려져 있다.

아침 7시부터 새벽 2시까지 긴 영업시간에 몇 시간이고 편안히 앉아 책을 볼 수 있는, 널찍하고 세련된 라운지 '안진Anjin'을 자랑하는 '다이칸야마 쓰타야 서점'.

릿쿄 대학교 가장 안쪽에 있는 에도가와 란포의 장서를 모아 놓은 중후한 서고 '환영성'.

이상한 나라로 들어가는 문 앞에 서 있는 듯 설레는 간판부터, 앉아서 책을 읽을 수 있는 고다츠, 게다가 점심나절이면 서점의 불을 모두 끄는 낮잠 시간까지 있어서 보물을 찾은 듯 눈앞이 환해지던 이케부쿠로의 '덴로인 서점(무엇보다 이 낮잠 시간을 두고 '사람을 못쓰게 만드는 서점'이라는 별명을 붙인 서점원의 기막힌 센스에는 웃음이 나옵니다)'.

신주쿠고엔 부근을 느릿느릿 걷다가 우연히 만나고는 잠시 숨이 막히던 참으로 독특한 분위기의 '모샤쿠샤'.

책과 맥주, 그 어울리는 듯 아닌 듯 환상의 조합을 자랑하는 시모기타자와의 'B&B'.

그곳 책장들을 처음 만났을 때의 신선함과 놀라움, 감동과 부러움을 다시 떠올리며 이 책을 읽는 분들께 어떻게 그 느낌을 전해 드릴지 행복한 마음이었습니다.

일반적인 책장 정리법이나 독서법을 기대하신 분은 조금 실망할지도 모릅니다. 하지만 이 책은 분명 그 이상을 담고 있습니다. 책장을 만들고 정리하는 것뿐만 아니라 저자의 책에 대한 애정과 철학을 엿볼 수 있습니다. 책장에서 시작하지만 책장에 한정된 이야기가 아닌 점도 이 책을 통해 누리는 즐거움입니다. 저자가 제안하는 '책장을 통해 인생이 바뀌는 놀라운 변화'를 여러분과 제가 함께 경험할 수 있으면 좋겠습니다.

책에 얹혀사는 제 친구에게 〈신선한 책장〉 〈메인 책장〉 〈타워 책장〉을 소개하는 마음으로 여러분께 저자가 전하는 세 개의 책장 만들기를 권해 드립니다. 저자는 자유롭게 책을 고르는 것도 책장을 만드는 것도 현대인에게만 주어진 특권이며 행사하지 않을 이유가 없다고 힘주어 전합니다. 여러분과 제가 기꺼이 이 즐거운 특권을 행사하기를 꿈꿉니다.

읽어 주신 분들께 마음을 담아 깊이 감사드립니다.

[Index] Book Review

어느 지식인의 책장 정리론
책장을 정리하다

초판 1쇄 발행 2015년 12월 15일
개정판 1쇄 발행 2019년 9월 10일

지은이 나루케 마코토
옮긴이 최미혜
펴낸이 이범상
펴낸곳 (주)비전비엔피 · 비전코리아

기획 편집 이경원 유지현 김승희 조은아 박주은
디자인 김은주 이상재
마케팅 한상철 이성호 최은석
전자책 김성화 김희정 이병준
관리 이다정

주소 우)04034 서울특별시 마포구 잔다리로7길 12 (서교동)
전화 02)338-2411 | **팩스** 02)338-2413
홈페이지 www.visionbp.co.kr
인스타그램 www.instagram.com/visioncorea
포스트 post.naver.com/visioncorea
이메일 visioncorea@naver.com
원고투고 editor@visionbp.co.kr

등록번호 제313-2005-224호

ISBN 978-89-63221-56-4 03020

· 값은 뒤표지에 있습니다.
· 잘못된 책은 구입하신 서점에서 바꿔드립니다.

이 도서의 국립중앙도서관 출판예정도서목록(CIP)은 서지정보유통지원시스템 홈페이지(http://seoji.nl.go.kr)와 국가자료공동목록시스템(http://www.nl.go.kr/kolisnet)에서 이용하실 수 있습니다.(CIP제어번호: CIP2019030563)